# LES

# MAJORATS LITTÉRAIRES.

Brux.—Imp. de A.-N. Lebègue (*Office de Publicité*), r. Jardin d'Idalie.

# LES

# MAJORATS LITTÉRAIRES

EXAMEN D'UN PROJET DE LOI AYANT POUR BUT DE CRÉER,
AU PROFIT DES AUTEURS, INVENTEURS ET ARTISTES,
UN MONOPOLE PERPÉTUEL.



**PAR P.-J. PROUDHON**

Si le droit des auteurs n'est pas une propriété, purgeons la langue d'un mot inexact, et débarrassons la jurisprudence d'une idée fausse. E. **LABOULAYE**, *Étude sur la pro- littéraire.*

BRUXELLES,

OFFICE DE PUBLICITÉ, MONTAGNE DE LA COUR, 39.

**1862.**

# AVERTISSEMENT.

---

Ce petit écrit devait paraître à Paris il y a six semaines.

Un libraire s'était chargé de l'édition, un imprimeur avait consenti à prêter ses presses ; la composition était terminée, le bon à tirer signé ; de nombreux amendements avaient été, à la requête du libraire, apportés par l'auteur au texte primitif; on allait mettre sous presse, quand tout à coup l'imprimeur, avec l'approbation de l'éditeur, déclare refuser son ministère, si l'auteur ne se résigne à la suppression pure et simple d'un certain nombre de passages qu'on lui indique.

Il paraît qu'en l'absence d'une censure officielle il s'est organisé à Paris, chez les imprimeurs et libraires, une censure officieuse, qui sabre les écrits à tort et à travers, souvent sans la moindre intelligence du texte, quelquefois même dans un tout autre intérêt que celui de l'ordre. En sorte que la production des idées, dans cette France soi-disant progressiste, est placée sous le coups de quatre fléaux : 1° les lois de répression concernant les écrits périodiques et non périodiques; 2° les priviléges de la librairie, de l'imprimerie et du journalisme; 3° la censure officieuse; 4° le *veto* des coteries et des intérêts. De ces quatre fléaux le moins à craindre est encore celui de la loi : mais comment résister à la coalition des trois autres?

J'ai refusé de souscrire aux exigences de mes censeurs. D'une part, quelle que fût ma bonne volonté, je ne pouvais tolérer l'ineptie outre-cuidante de certaines critiques, qui me rappelaient l'histoire du savetier et du peintre : *Ne sutor ultrà crepidam.* Puis, on prétendait m'interdire certaine question que le but de mon ouvrage est justement de poser, sinon encore de résoudre. Conçoit-on, chez des entrepreneurs de publicité, un pareil ostracisme? Exclure l'idée en suspicion de l'écrivain, ou l'écrivain en suspicion de l'idée : voilà où en est venue la librairie française!... Une dernière raison de mon refus est que je soupçonne les honorables industriels qui s'étaient chargés de l'édition de mon œuvre de ne s'être pas tenus à la consultation discrète de leurs avocats, et d'être allés, plus haut ou plus bas, chercher leurs inspirations.

Peut-être, et j'aime à le croire pour l'honneur de la typographie parisienne, eussé-je trouvé, en cherchant bien, des auxiliaires plus raisonnables ou moins effrayés. J'ai cru que la chose n'en valait pas la peine, et comme c'est la seconde fois que pareille aventure m'arrive, j'ai préféré, en publiant à Bruxelles, dénoncer le fait à l'opinion et en appeler au gouvernement impérial lui-même. Un gouvernement peut se croire obligé d'être sévère; mais il ne permettra jamais que la sottise publique enchérisse sur sa sévérité; il sait que l'action de la police doit rester toujours en deçà, ne jamais aller au delà des lois de rigueur, *odiosa restringenda,* et il ne laissera échapper aucune occasion de ramener les esprits excessifs à la mesure légale.

Les passages incriminés par mes censeurs officieux sont au nombre de quinze; on les trouvera pages 7, 34, 56, 58, 61, 63, 71, 90, 96, 98, 102, 110, 117, 137, 138, 162, 163, avec des notes.

Dix exemplaires de cet ouvrage seront expédiés, par la poste, aux personnes ci-dénommées : MM. TROPLONG, président du Sénat; de MORNY, président du Corps-Législatif; BAROCHE, président du Conseil d'Etat; PERSIGNY, ministre de l'intérieur; DUPIN, procureur général à la Cour de Cassation; S. A. I. le prince NAPOLÉON; PIETRI, sénateur; DARIMON, député; G. CHAUDEY, avocat à la Cour Impériale de Paris; le directeur du *Moniteur.* J'espère que dans aucun cas ces exemplaires ne seront retenus. Un ballot de 50 autres exemplaires sera adressé, par la voie du ministère de l'intérieur, à mon correspondant à Paris : selon l'accueil qui sera fait à ce ballot, je pourrai, jusqu'à certain point, conjecturer les intentions du gouvernement.

Certes, je n'attend ni grand honneur ni grand profit de cet opuscule, écrit uniquement pour l'honneur des principes et l'acquit de ma conscience. Bien moins encore espéré-je faire revenir le gouvernement impérial d'un projet auquel il paraît tenir d'autant plus qu'il y est sollicité par la masse des gens de lettres, la coterie des économistes et la coalition des journalistes, et qu'il s'imagine faire œuvre de démocratie. Mais je me devais de ne rien négliger de ce qui peut servir à la manifestation de la vérité et prévenir une erreur funeste. Que le gouvernement impérial refuse l'entrée en France à mes brochures, s'il veut ; mais qu'il repousse loin de lui le projet de loi qu'on lui propose, et je suis homme à le féliciter, je le proclame, pour ce seul acte, plus intelligent des principes de 89, plus libéral, plus ami du progrès que les trois quarts et demi de ces gens qui ne cessent de crier : *Révolution ! Révolution !* et qui, depuis dix ans surtout, démolissent la Révolution et la liberté.

---

LES

# MAJORATS LITTÉRAIRES

EXAMEN D'UN PROJET DE LOI AYANT POUR BUT DE CRÉER, AU PROFIT DES AUTEURS, INVENTEURS ET ARTISTES, UN MONOPOLE PERPÉTUEL.

---

Le 27 septembre 1858, un congrès composé d'hommes de lettres, de savants, d'artistes, d'économistes, de jurisconsultes de tous les pays, se réunit à Bruxelles, afin de vider la question des droits d'auteur, ce que l'on appelle aujourd'hui *propriété intellectuelle*, ou *propriété littéraire*.

Dès le 15 août, M. de Lamartine, avait écrit au président du congrès la lettre suivante :

« Paris, 15 août 1858.

« Monsieur le président, des circonstances sensibles (*sic*) et impérieuses me rendent impossible l'assistance au congrès auquel vous voulez bien me convier. Je le regrette d'autant plus vivement, que la situation de rapporteur de la loi de la propriété littéraire en France (en 1841) a motivé pour moi de sérieux travaux sur cette question : vous les trouverez au *Moniteur*.

« Il appartenait à la Belgique, terre intellectuelle par excellence, de prendre l'initiative de ce progrès de plus à accomplir dans la constitution des vraies propriétés. Un sophiste a dit : *La propriété c'est le vol.* Vous lui répondrez en instituant la plus sainte des propriétés, celle de l'intelligence : Dieu l'a faite : l'homme doit la reconnaître.

« Recevez, monsieur le président, l'assurance de ma haute considération.

» LAMARTINE. »

Je cite cette lettre d'après l'*Indépendance belge* du 18 août 1858.

Au 15 août 1858, je venais de me retirer en Belgique, à la suite d'une condamnation à trois années d'emprisonnement pour mon livre *De la Justice dans la Révolution et dans l'Église.* J'étais donc signalé à la Belgique, par M. de Lamartine, d'une manière peu bienveillante, et le congrès mis en garde contre mes *sophismes.* M. de Lamartine se donnait une peine inutile. Je n'avais pas été invité au congrès, auquel je ne parus point. La seule part que je pris à cette solennité consista en un article publié dans un petit journal hebdomadaire alors inconnu, article qui, par conséquent, ne fut lu que de très-peu de monde. Personne ne reproduisit mon argumentation aux débats, et mon nom ne fut pas prononcé. La perpétuité du privilége littéraire n'en fut pas moins rejetée par le congrès, unanime d'ailleurs pour défendre la propriété.

Déboutée de sa demande au congrès de Bruxelles, la propriété littéraire ne se tint pas pour battue; elle résolut de prendre sa revanche. Dans ce but, il a paru diverses publications, parmi lesquelles je distingue : 1° *Études sur la propriété littéraire,* par MM. LABOULAYE père et fils, 1858; 2° *De la propriété intellectuelle,* par MM. Frédéric PASSY, Victor MODESTE, P. PAILLOTTET, avec Préface de M. Jules SIMON, 1859. — M. de Lamartine avait cru devoir prémunir le congrès de Bruxelles contre mes sophismes, on a vu avec quel succès. MM. Frédéric Passy, Victor Modeste et P. Paillottet, n'osant s'en prendre aux honorables membres du congrès, sont tombés à leur tour sur le malheureux *sophiste*, traité par eux comme un éhonté plagiaire et schlagué comme un serf. Quand j'aurai le temps de rire, je donnerai au public la *Propriété intellectuelle démontrée par la métaphysique* de M. Frédéric Passy, suivie de la *Jurisprudence absolue* de M. Victor Modeste, et du *Voyage à l'île de Robinson* de M. P. Paillottet, comédie en trois actes et en prose, avec Prologue de M. Jules Simon. Qu'il me suffise, pour le quart d'heure, de dire que les élucubrations de MM. Laboulaye père et fils, Frédéric Passy, Victor Modeste et P. Paillottet, cette dernière contre-signée Jules Simon, n'ont pas eu plus de succès au congrès d'Anvers, tenu en 1861 et auquel je n'assistais point, que n'en avait obtenu en 1858, au congrès de Bruxelles, l'autorité de M. de Lamartine.

Actuellement, la propriété littéraire s'est pourvue en cassation par-devant l'autorité impériale. Les journaux avaient d'abord parlé d'un troisième congrès, qui devait se tenir à Paris, au Palais de l'Industrie. C'eût été logique. La question de la propriété littéraire est essentiellement cosmopolite, aucune solution ne pouvant recevoir d'exécution sérieuse qu'autant qu'elle sera admise par tous les gouvernements. Il convenait d'opposer congrès à congrès, et d'appeler des synodes provinciaux de Bruxelles et d'Anvers au concile œcuménique de Paris. Sans doute les deux premières assemblées, influencées par l'atmosphère belge, avaient erré; la troisième, discutant sur une terre libre, à l'abri de tout préjugé, rétablirait le droit. Il eût été digne de la France, jadis constitutionnelle, représentative et parlementaire, de débattre solennellement, en toute langue, et, s'il le fallait, en trente séances, ce qui avait été tranché, à Bruxelles et à Anvers, en trois.

On a préféré, comme offrant plus de garanties, les formes brèves du régime impérial. Une commission a été instituée par le ministre d'État M. Walewski (1). Cette

(1) La commission nommée par le ministre se compose des noms suivants :
*Président :* MM. Walewski, ministre d'État.
*Vice-présidents :* Persigny, ministre de l'intérieur;
Rouland, ministre de l'instruction publique.
*Membres :* Barthe, sénateur, premier président de la Cour des comptes;
Dupin, sénateur, procureur général à la Cour de cassation;
Le Brun, sénateur, membre de l'Institut;
Mérimée, sénateur, membre de l'Institut;
La Guéronnière, sénateur;
Schneider, vice-président du Corps législatif;
Nogent-Saint-Laurent, député au Corps législatif;
Vernier, député;
Vuillefroid, président de section au Conseil d'État;
Suin, conseiller d'État;
Duvergier, conseiller d'État;
Herbet, conseiller d'État, directeur aux affaires étrangères;
Flourens, membre de l'Institut, secrétaire perpétuel de l'Académie des sciences;
Nisard, membre de l'Institut;
Sylvestre de Sacy, membre de l'Institut;
E. Augier, membre de l'Institut;
Auber, membre de l'Institut, directeur du Conservatoire de musique et de déclamation;
Alfred Maury, membre de l'Institut;
Baron Taylor, membre de l'Institut, président de plusieurs sociétés artistiques;
Le président de la commission des auteurs et compositeurs dramatiques;
Le président de la commission des gens de lettres;
Imhaus, directeur de la presse et de la librairie au ministère de l'intérieur;
C. Doucet, chef de division au ministère d'État;
Éd. Thierry, administrateur général de la Comédie-Française;
Théophile Gautier, homme de lettres;
Firmin Didot, imprimeur-libraire.
Je donne cette liste telle qu'elle m'a été communiquée. D'après les jour-

commission, délibérant à huis clos, a fait ou fera un rapport, sur lequel le Conseil d'État préparera un projet de loi, que le Corps législatif votera. Trois semaines auront suffi : c'est à peine si j'aurai le temps de brocher ces pages, en guise de protestation, avant l'*exequatur* du Sénat. Apparemment on espère que, la France ayant parlé, les autres nations emboîteront le pas. Ne sommes-nous pas les vrais interprètes de la liberté, de l'égalité, de la propriété, marchant, tambour battant, sous le drapeau de la Révolution? Cela fait, nous aurons *émancipé l'intelligence humaine,* comme disait, en 1841, M. de Lamartine.

Quant à la démocratie, représentée par la presse, elle a opiné du bonnet. Si quelques réserves ont été exprimées, c'est d'une façon si discrète, sur des considérants si faibles, qu'on peut dire qu'il n'y a pas eu d'opposition. On s'est rallié à l'apophthegme décisif, triomphant, de M. Alphonse Karr, *La propriété littéraire est une propriété.* Ce qu'il m'importe surtout de relever, comme fait personnel, c'est que cette dévotion à la propriété littéraire aurait son principe, s'il faut en croire ses partisans, dans un respect profond, une intelligence supérieure de la propriété, et une sainte horreur des attaques dont elle a été l'objet. C'est à tel point que la propriété foncière, que l'on

naux, la commission, délibérant au nombre de 22 membres, s'est prononcée pour la perpétuité du monopole à la majorité de 18 contre 4. Parmi les opposants on compte, à ce que l'on m'assure, MM. Flourens, Nisard, Dupin et Didot. Chose singulière, les hommes qui sont censés représenter l'opinion libérale, MM. de Lamartine, V. Hugo, J. Simon, F. Passy, L. Viardot, Alph. Karr, Alloury, Ulbach, Pelletan, G. Hecquet, Dolfus, etc., les journaux, *les Débats, le Siècle, la Presse, le Temps, l'Opinion nationale,* sont favorables à cette création ultra-féodale, parmi les adversaires de laquelle on rencontre des amis déclarés de l'empire, tels que MM. Dupin, Flourens, Nisard, Sainte-Beuve. C'est le monde renversé.

avait considérée jusqu'à présent comme la propriété par excellence, ne serait plus qu'une propriété de second ordre, déclarée même, par les champions de la nouvelle propriété, défectueuse, sans fondement, sans légitimité, un vol enfin, si on ne lui donne pour complément, pour sanction et pour contre-fort la propriété intellectuelle, la plus *vraie*, la plus *sainte* des propriétés. Quand je n'aurais pas été nommé par les théoriciens du monopole, ces allusions étaient assez transparentes : c'est ainsi que je me trouve personnellement engagé dans le débat. Si parfois ma polémique prend l'allure d'une représaille, le lecteur en connaîtra la raison.

Jusqu'à présent la perpétuité du privilége en matière de livres, d'objets d'art, de machines, etc., s'est vue repoussée par l'universalité des traditions et l'unanimité des peuples. — « Cette cause, » c'est un partisan de la propriété littéraire, M. Victor Modeste, qui l'avoue, « a contre « elle le vote de toutes nos législatures et le droit positif « des deux mondes. Elle compte parmi ses adversaires la « plupart des grands esprits, la plupart de nos maî- « tres. » Ajoutons qu'elle est en contradiction formelle avec notre droit public et avec les principes de la Révolution.

Nous allons changer tout cela. La tradition et le consentement universel n'ont pas le sens commun ; nos législatures, depuis 1789 jusqu'en 1851, se sont trompées ; le droit positif des deux mondes est dans l'erreur. La Révolution a fait fausse route ; d'ailleurs, cette Révolution est de l'autre siècle : nous en avons assez. La Révolution est pour nous un brevet d'invention expiré ; nous jurons par le progrès. La révision des actes des congrès de Bruxelles et d'Anvers le prouvera. Les appelants sont nombreux, puissants, agissants : ils ont aussi leurs autorités. Il y aura bien du malheur si la propriété littéraire, combattant sur un terrain choisi par elle, n'ayant devant elle que des sophistes [sûre de la protection de l'empereur (1),] ne finit par remporter la victoire. Ceux qui ont jugé à Bruxelles étaient de vieux contrefacteurs ; à Paris, il n'y aura que des économistes et des jurisconsultes.

Ce n'est donc pas avec l'espoir du succès que je combats en ce moment. La France, dans son va-et-vient révolutionnaire, semble devoir reculer jusqu'à la limite du régime aboli en 1789. On nous croirait sur le chemin de l'apostasie, si l'on ne savait que l'histoire a ses retours, ses *ricorsi*, disait Vico, et qu'une rétrogradation n'est souvent que le signe précurseur d'un nouveau progrès. Étrange phénomène, que le moraliste est tenté de rejeter sur la défaillance des nations, et dans lequel une observation plus approfondie découvre une sorte de loi !... Or, comme à l'époque où la civilisation est parvenue, rien de ce qui

(1) Six mots, dont l'imprimeur ou le libraire de Paris, je ne sais lequel, probablement tous les deux, ont réclamé la suppression. Certes je ne tiens pas à ces six mots, et je les eusse volontiers sacrifiés pour la paix, si ce passage avait été le seul. Mais il fait nombre, et il témoigne de la terreur qui règne en ce moment dans la presse. Quand je dis que la propriété littéraire est *sûre de la protection de l'empereur,* il est évident, par l'ensemble du texte, tout empreint d'ironie, que je ne donne pas cette protection comme un fait certain, mais comme une chose dont les partisans de la propriété littéraire se croient assurés. L'art d'écrire consiste à dire une foule de choses sans recourir à une affirmation ou négation expresse, quelquefois même en employant des termes qui disent juste le contraire de ce que l'on pense. Les éditeurs se sont imaginé, apparemment, que je me rendrais coupable : 1° D'irrévérence envers la personne impériale, en la signalant comme protectrice de la cause que je combats ; 2° de publication de fausse nouvelle. Voilà où en est l'esprit français !... Voir plus bas, page 10, l'opinion du prince Louis-Napoléon, citée par M. Walewski dans son discours d'inauguration de la commission, et à laquelle il est fait ici allusion.

se fait dans un État ne devient définitif s'il ne reçoit l'approbation des autres; comme il n'est pas au pouvoir de la France de proscrire la révolution qu'elle a commencée, attendu que cette révolution a pris l'Europe entière pour place d'armes, je n'ai pas hésité à me jeter dans l'arène et à publier cet écrit, espérant qu'il aurait du moins pour effet d'arrêter à la frontière ce qu'il ne saurait plus étouffer au dedans.

Deux choses me mettent tout à fait à l'aise : l'une est que la *propriété*, pour laquelle s'arment en 1862 comme en 1848 tant de défenseurs, n'est nullement intéressée à la création d'un monopole perpétuel, comme s'efforcent de le faire croire les partisans de la propriété littéraire; l'autre, que je n'ai pas pour adversaire le gouvernement, qui subit l'impulsion d'une coterie, et s'imagine faire acte de justice, de conservation et de progrès, en cédant à des sollicitations absurdes.

Que les propriétaires, à qui l'on vient aujourd'hui parler de partageux et de spectre rouge, se rassurent donc : ils ne rencontreront pas dans cet écrit la plus petite proposition malsonnante. Leurs intérêts sont parfaitement à l'abri. Leur propriété, à eux, n'a rien de commun avec cette prétendue propriété intellectuelle qu'on les somme de reconnaître; ils ne se verront pas expropriés pour avoir repoussé la consécration du plus immoral des priviléges. S'il y allait de la propriété, grand Dieu! je m'abstiendrais de paraître en cette controverse, sûr que mon opinion, toujours franche, ne servirait qu'à précipiter une résolution funeste.

Quant aux estimabl s orateurs et publicistes, qui, au congrès de Bruxelles et depuis, ont défendu la thèse que je soutiens à mon tour, et parmi lesquels je nommerai MM. Willemain, Wolowski, Villiaumé, Calmels, Victor Foucher, Cantù, de Lavergne, Paul Coq, Gustave Chaudey, Taxile Delort, — je ne parle que des vivants, — qu'ils me permettent d'unir ma voix compromettante à leur suffrage plus accrédité. Tout n'a pas été dit encore sur cette question complexe des droits de l'écrivain et de l'artiste; tant de nuages amoncelés dans ces derniers temps par de soi-disant jurisconsultes et économistes n'ont pas été dissipés. J'ai cru qu'on me saurait gré de montrer par une étude approfondie dans quelle fondrière on entraîne le pays et le gouvernement.

La question de la rémunération des auteurs touche à plusieurs ordres d'idées. Je l'examinerai au triple point de vue de l'Économie politique, de l'Esthétique et du Droit public.

---

# PREMIÈRE PARTIE.

## DÉMONSTRATION ÉCONOMIQUE.

### § 1. — Position de la question.

En 1844, le prince Louis-Napoléon, actuellement Sa Majesté Napoléon III, répondant à M. Jobard, l'auteur du *Monautopole*, laissa tomber de sa plume les paroles suivantes, dont les partisans de la propriété littéraire se prévalent aujourd'hui :

« L'œuvre intellectuelle est une propriété comme une terre, comme une maison ; elle doit jouir des mêmes droits, et ne pouvoir être aliénée que pour cause d'utilité publique. »

Jadis la parole du maître était considérée dans l'École comme un argument sans réplique. Le maître l'avait dit, *Magister dixit*, et tout était dit. La logique française, essentiellement autoritaire, en est encore là. Le roi l'a dit, l'empereur l'a dit ! On n'appelle pas de ce jugement.

Eh bien ! l'empereur s'est trompé. L'œuvre intellectuelle n'est point une propriété comme une terre, comme une maison, et elle ne donne pas naissance à des droits semblables. Comme je ne suis pas de ceux que l'on croit sur parole, je demande à faire la preuve.

Certes, je ne ferai point un crime à Napoléon III de ce que, en 1844, n'étant encore que simple prétendant, mais déjà assailli par tous les faiseurs d'utopies et inventeurs de panacées, il s'est laissé surprendre par ce gouailleur de Jobard, que j'ai bien connu, et qui croyait à la propriété intellectuelle comme au spiritisme, c'est-à-dire en vrai Normand, sans trop y croire. Je prendrai seulement la liberté de rappeler à Sa Majesté Impériale, en faisant allusion à un mot de Louis XII, que l'empereur des Français ne peut pas répondre des *lapsus calami* du prince Louis; et, cela dit, je louerai volontiers l'auguste personnage d'avoir, dans la phrase que je viens de citer, posé du premier coup le doigt sur la difficulté.

La question en effet est de savoir, non pas si l'homme de lettres, l'inventeur ou l'artiste, a droit à une rémunération de son œuvre : qui donc songe à refuser un morceau de pain au poëte, pas plus qu'au colon partiaire? On devrait, une fois pour toutes, bannir du débat cette question oiseuse, texte aux déclamations les plus ridicules. Ce que nous avons à déterminer, c'est de quelle nature est le droit de l'écrivain; de quelle manière se fera la rémunération de son travail; si et comment ce travail pourrait donner naissance à une propriété analogue à la propriété foncière, ainsi que le prétendent les pétitionnaires du monopole et que le croyait en 1844 le prince Louis-Napoléon; ou si la création d'une propriété intellectuelle à l'instar de la propriété foncière, ne repose pas sur une fausse assimilation, sur une fausse analogie.

Raisonnant par premier aperçu, et d'après une généralisation mal faite, les partisans du monopole disent oui. Je déclare, après un examen attentif de leur argumentation, et sur la foi d'une analyse dont le lecteur va être juge, que non.

§ 2. — **Définition : Au point de vue économique, l'écrivain est un** ***producteur,*** **et son œuvre un produit. — Qu'entend-on par ce mot,** ***produire?*** **Caractère de la production humaine.**

Tous les écrivains favorables à la propriété littéraire sont d'accord, pour établir leur thèse, d'assimiler la production artistique et littéraire à la production agricole-industrielle. C'est le point de départ de tous leurs raisonnements : ce sera aussi le mien Il est bien entendu que cette assimilation ne préjudicie en rien à la dignité qui appartient en propre aux lettres, aux sciences et aux arts.

Oui, quelque différence qui existe fondamentalement entre les ordres du *beau*, du *juste*, du *saint*, du *vrai*, et celui de l'UTILE, quelque démarcation infranchissable qui sous tout autre rapport les sépare, en tant que l'homme de lettres, de science ou d'art ne produit ses ouvrages qu'à la sueur de son front, qu'à cette fin il dépense force, temps, argent et subsistances, au point de vue inférieur de l'économie politique en un mot, il est ce que la science de la richesse appelle un *producteur;* son œuvre est un *produit,* lequel produit, introduit dans la circulation, ouvre crédit à une indemnité, rémunération, salaire ou payement, je ne discute pas en ce moment sur le terme.

Mais qu'entend-on d'abord, en économie politique, par ce mot, *produire?*

Les maîtres de la science nous enseignent tous, et les partisans de la propriété littéraire sont les premiers à le dire, que l'homme n'a pas la puissance de créer un atome de matière; que son action consiste à s'emparer des énergies de la nature, à les diriger, à en modifier les effets, à composer ou à décomposer les corps, à en changer les formes, et, par cette direction des forces naturelles, par cette transformation des corps, par cette séparation des éléments, à se rendre la création plus utile, plus féconde, plus bienfaisante, plus brillante, plus profitable. En sorte que la production humaine tout entière consiste, 1° dans une expression d'idées, 2° dans un déplacement de matière.

Ainsi l'artisan le plus humble n'est qu'un producteur de mouvements et de formes : les premiers, il les tire de sa force vitale par le jeu de ses muscles et de ses nerfs ; les secondes lui arrivent par l'excitation de son cerveau. La seule différence qu'il y ait entre lui et l'écrivain, c'est que l'artisan, agissant directement sur la matière, lui donne l'impulsion, y inscrit, et pour ainsi dire y incorpore son idée, tandis que le philosophe, l'orateur, le poëte, ne produit pas, si j'ose ainsi dire, au delà de son être, et que sa production, parlée ou écrite, s'arrête au verbe. J'ai pour ma part fait cette observation il y a longtemps, et MM. Frédéric Passy et Victor Modeste, qui professent la même manière de voir, auraient pu me citer, si j'étais un écrivain que l'on cite, s'il n'y avait pas plus de profit à me traiter de sophiste. Mais savent-ils où cette assimilation, généralement admise, à ce qu'il paraît, parmi les économistes contemporains, va les conduire? Ils ne s'en doutent seulement pas.

Voici donc qui est entendu : l'écrivain, l'homme de génie, est un producteur, ni plus ni moins que son épicier et son boulanger ; son œuvre est un produit, une portion de richesse. Autrefois les économistes distinguaient entre la production matérielle et la production immatérielle, comme Descartes distinguait entre la matière et l'esprit. Cette distinction devient superflue : d'abord, parce qu'il n'y a pas de production de matière, et que, comme nous l'avons dit, tout se passe en idée et en déplacement; en second lieu, parce que nous ne produisons pas plus nos idées, dans la rigueur du terme, que nous ne produisons les corps. L'homme ne crée pas ses idées, il les reçoit; il ne fait point la vérité, il la découvre; il n'invente ni la beauté ni la justice, elles se révèlent à son âme, spontanément, comme les conceptions de la métaphysique, dans l'aperception des phénomènes, dans les rapports des choses. Le fonds intelligible de la nature, de même que son fonds sensible, est hors de notre domaine : ni la raison ni la substance des choses ne sont de nous; cet idéal même que nous rêvons, que nous poursuivons et qui nous fait faire tant de folies, mirage de notre entendement et de notre cœur, nous n'en sommes pas les créateurs, nous n'en sommes que les voyants. Voir, à force de contempler; découvrir, à force de chercher; brasser la matière et la modifier d'après ce que nous avons vu et découvert : voilà ce que l'économie politique appelle produire. Et plus nous approfondissons la chose, plus nous nous convainquons que la similitude entre la production littéraire et la production industrielle est exacte.

Nous avons raisonné de la qualité du produit : parlons de la quantité. Quelle peut être l'étendue de notre puissance productive, et conséquemment quelle est l'importance, la mesure de notre production?

A cette question l'on peut répondre, d'une manière générale, que notre production est proportionnelle à nos forces, à notre organisation, à l'éducation que nous avons reçue, au milieu dans lequel nous vivons. Mais cette proportionnalité, qui peut exprimer une quantité considérable si on la considère dans l'homme collectif, n'en exprime qu'une très-faible dans l'individu, et ce que je dis de l'insignifiance du produit individuel, se rapporte aussi bien à la production philosophique et littéraire, qu'à la production industrielle.

De même que le travailleur rustique ne retourne en moyenne qu'une surface bien petite du sol, ne cultive qu'un coin de terre, ne produit, en un mot, que son pain quotidien ; de même le travailleur de la pensée pure ne saisit la vérité que lentement, à travers mille erreurs ; et cette vérité, en tant qu'il peut se vanter de l'avoir le premier découverte et marquée de son sceau, n'est qu'une étincelle qui brille un instant, et demain sera éteinte devant le soleil toujours croissant de la raison générale. Tout individualisme disparaît rapidement dans la région de la science et de l'art, en sorte que la production qui nous semblait devoir être le plus à l'abri des injures du temps, celle des idées, n'a pas plus de garanties que l'autre. L'œuvre de l'homme, quelle qu'elle soit, est comme lui, bornée, imparfaite, éphémère, et ne sert que pour un temps. L'idée, en passant par le cerveau où elle s'individualise, vieillit comme la parole qui l'exprime ; l'idéal se détruit aussi vite que l'image qui le représente ; et cette création du génie, comme nous l'appelons avec emphase, que nous déclarons sublime, petite en réalité, défectueuse, périssable, a besoin d'être renouvelée sans cesse, comme le pain qui nous nourrit, comme l'habit qui couvre notre nudité. Ces chefs-d'œuvre qui nous sont parvenus des nations éteintes et que nous croyons immortels, que sont-ils ? Des reliques, des momies.

A tous les points de vue, la production industrielle et

la production littéraire nous apparaissent donc identiques. Transportée dans l'économie politique, la distinction de la matière et de l'esprit n'est propre qu'à entretenir des prétentions orgueilleuses, à établir des catégories de conditions auxquelles l'économie politique est aussi contraire que la nature. Ceci ne signifie pas cependant que les gens d'esprit par spécialité ne soient pas plus *spirituels* ou spiritualisés que les hommes de chair que leur profession met en contact perpétuel avec la matière ; cela ne prouve pas non plus que la production artistique et littéraire ne soit qu'une spécialité de l'industrie. Je me réserve d'établir ultérieurement le contraire. Je dis qu'au fond, en ce qui concerne la richesse, il n'y a pas différence de qualité entre les diverses catégories de la production, et les partisans de la propriété littéraire parlent comme moi. Et franchement, la distance, toujours au point de vue économique, est-elle aussi grande entre les uns et les autres qu'on paraît le croire? Un contemplatif a conçu une idée; un praticien s'en saisit et de ses mains la réalise. A qui donner la palme? Croit-on qu'il suffise d'avoir lu dans un traité de géométrie les règles de la coupe des pierres, pour qu'elles soient coupées? Il faut encore manœuvrer le marteau, le ciseau ; et ce n'est pas petite affaire, après que l'idée a été conçue par le cerveau, de la faire passer à l'extrémité des doigts, d'où elle semble s'échapper pour se fixer sur la matière. Celui qui a son idée dans le creux de sa main est souvent un homme de plus d'intelligence, en tout cas plus complet, que celui qui la porte dans sa tête, incapable de l'exprimer autrement que par une formule.

§ 3. — Droit du producteur sur le produit. — Que l'idée de production n'implique pas celle de propriété.

La chose, ou plutôt la forme produite, à qui appartiendra-t-elle? Au producteur, qui en dispose à sa guise, et en aura la jouissance exclusive. Encore un principe que je suis prêt à signer des deux mains. Pas n'est besoin de démonstration pour cela, messieurs Passy et de Lamartine. Jamais je n'ai dit que le travail fût le vol; au contraire... — Donc, concluent-ils, le produit est la PROPRIÉTÉ du producteur. Vous le reconnaissez; vous voilà pris par vos aphorismes, convaincu par vos propres paroles.

Doucement, s'il vous plaît : je crois que c'est vous-mêmes, messieurs, qui vous mystifiez par votre métaphysique et votre grandiloquence. Permettez-moi d'abord une petite observation; nous verrons après de quel côté est le sophisme.

Un homme a écrit un livre : ce livre est à lui, sans peine je le déclare, comme le gibier est au chasseur qui l'a tué. Il peut faire de son manuscrit ce qu'il voudra, le brûler, l'encadrer, en faire cadeau au voisin; il est libre. Je dirai même, avec l'abbé Pluquet, que, le livre appartenant à l'auteur, l'auteur a la propriété du livre : mais pas d'équivoque. Il y a propriété et propriété. Ce mot est sujet à des acceptions fort différentes, et ce serait raisonner d'une manière bouffonne que de passer, sans autre transition, d'une acception à l'autre, comme s'il s'agissait toujours de la même chose. Que diriez-vous d'un physicien qui, ayant écrit un traité sur la lumière, étant propriétaire par conséquent de ce traité, prétendrait avoir acquis toutes les propriétés de la lumière, soutiendrait que son corps d'opaque est devenu lumineux, rayonnant, transparent, qu'il parcourt soixante-dix mille lieues par seconde, et jouit ainsi d'une sorte d'ubiquité? Vous diriez que c'est grand dommage, que cet homme est bien savant, mais que malheureusement il est fou. C'est à peu près ce qui vous arrive, et l'on peut vous appliquer le mot du gouverneur de Judée à saint Paul, *Multæ te litteræ perdiderunt*, quand vous concluez de la propriété du produit à la création d'une nouvelle espèce de propriété foncière. Au printemps, les pauvres paysannes vont au bois cueillir des fraises qu'elles portent ensuite à la ville. Ces fraises sont leur produit, par conséquent pour parler comme l'abbé Pluquet, leur propriété. Cela prouve-t-il que ces femmes sont ce qu'on appelle des propriétaires? Si on le disait, tout le monde croirait qu'elles sont propriétaires du bois d'où viennent les fraises. Hélas! c'est juste le contraire qui est la vérité. Si ces marchandes de fraises étaient propriétaires, elles n'iraient pas au bois chercher le dessert des propriétaires; elles le mangeraient elles-mêmes.

Ne passons donc pas si lestement de l'idée de production à celle de propriété, ainsi que l'a fait, en 1791, Chapelier, qui a introduit dans la loi cette confusion. La synonymie qu'on s'efforce ici d'établir est tellement peu justifiée, que l'usage s'est prononcé contre elle : il est généralement admis, dans le langage vulgaire et dans la science, que si un homme peut cumuler en sa personne la double qualité de producteur et de propriétaire, ces deux titres diffèrent néanmoins l'un de l'autre, et sont même fréquemment opposés. Certainement le produit constitue l'*avoir* du producteur, comme parlent les teneurs de livres ; mais cet *avoir* n'est pas encore du CAPITAL, encore moins de la PROPRIÉTÉ. Avant d'en arriver là, il reste du chemin à parcourir; or, c'est ce parcours qu'il s'agit, non d'enjamber, comme le fait, avec ses grands mots qui semblent des échasses, M. de Lamartine, mais d'éclairer et jalonner avec soin.

En deux mots, et pour revenir à notre comparaison, l'œuvre de l'écrivain est, comme la récolte du paysan, un produit. Remontant aux principes de cette production, nous arrivons à deux termes, de la combinaison desquels est résulté le produit : d'un côté, le travail; de l'autre, un fonds, qui pour le cultivateur est la terre, pour l'homme de lettres ce que nous appellerons, si vous voulez, l'esprit. Le monde terrestre ayant été partagé, chacune des parts sur lesquelles les cultivateurs font venir leurs récoltes a été dite *propriété foncière*, ou simplement propriété, chose très-différente du produit, puisqu'elle lui préexiste. — Je n'ai pas à chercher ici les motifs de cette institution de la propriété foncière, que mes adversaires n'attaquent point, et de laquelle ils se bornent à demander une contrefaçon. Ces motifs, d'un ordre fort élevé, n'ont rien de commun avec nos recherches actuelles. — Je m'empare seulement de la distinction, si nettement établie entre le produit agricole et la propriété foncière, et je dis : Je vois bien, en ce qui concerne l'écrivain, le produit; mais où est la propriété? Où peut-elle être? Sur quels fonds allons-nous l'établir? Allons-nous partager le monde de l'esprit, à l'instar du monde terrestre? Je ne m'y oppose pas, si on peut le faire : mais le moyen?... Serait-ce par hasard le produit même de l'écrivain, serait-ce le livre, œuvre de génie, qui, détaché du fonds commun intellectuel, va devenir à son tour un fonds d'exploitation, une propriété? Comment, par quels rapports sociaux, par quelle fiction de la loi, en vertu de quels motifs, s'opérera cette métamorphose? Voilà ce que vous avez à expliquer, ce que je chercherai tout à l'heure, mais ce que vous ne faites aucunement, lorsque vous passez sans transition de l'idée de production à celle de propriété. L'homme de lettres est producteur; son produit lui appartient : on vous l'accorde. Mais encore une fois, qu'est-ce que cela prouve?

### § 4. — De l'échange des produits. — Que la propriété ne résulte pas des rapports commutatifs.

Puisque, pour établir la propriété littéraire, on a commencé par démontrer la réalité de la production littéraire, et que cependant la première ne résulte pas de la seconde, il faut supposer que cette propriété, si elle doit se produire, sera l'effet des rapports qui naissent à la suite. Reprenons donc la question au point où nous l'avons laissée, et suivons le produit littéraire dans son évolution économique.

Toute richesse, obtenue par le travail, est à la fois une production de force et une manifestation d'idée. Sortant des mains du producteur, elle n'est pas encore propriété; elle est simplement produit, utilité, objet de jouissance ou de consommation. Or, la condition de l'humanité serait bien malheureuse, si chaque producteur était réduit à la jouissance de son produit spécifique. Il faut que la jouissance se généralise, et qu'après avoir été producteur spécial, l'homme devienne possesseur et consommateur universel. L'opération par laquelle la consommation des produits est généralisée pour chaque producteur est l'*échange*. C'est donc par l'échange que tout produit ou service reçoit sa *valeur;* c'est par l'échange que naît pour toutes les catégories de la production l'idée de rémunération, payement, salaire, gage, indemnité, etc.

La propriété, j'entends toujours par ce mot cette propriété foncière, domaniale, dont le partage de la terre nous a donné une idée si nette, et à laquelle il s'agit de créer un analogue dans l'ordre intellectuel, la propriété, dis-je, que nous avons vue ne pouvoir sortir de la production, peut-elle naître de l'échange? C'est ce que nous avons maintenant à examiner.

Les lois de l'échange sont : que les produits s'échangent les uns contre les autres; que leur évaluation ou compensation a lieu dans un débat contradictoire et libre, désigné par les mots *offre* et *demande;* que, l'échange opéré, chaque échangiste devient maître de ce qu'il a acquis comme il l'était de son propre produit : en sorte que, la livraison faite et l'échange consommé, les parties ne se doivent rien.

Ces lois sont universelles; elles s'appliquent à toutes les espèces de produits et services, et ne souffrent pas d'exception. Les produits de la pure intelligence s'échangent avec ceux de l'industrie, de la même manière que ceux-ci s'échangent entre eux : dans les deux cas, les droits et obligations qui naissent de l'échange sont similaires. Et pourquoi cela? Parce que, comme nous l'avons observé plus haut, § 2, les produits de l'activité humaine sont tous, au fond, de même nature et de qualité égale, consistant en une exertion de force et une manifestation d'idée; et que tous, depuis l'idée exprimée par la parole jusqu'à la transformation ou au déplacement imposé à la matière, sont des créations bornées, éphémères, imparfaites, dont le fonds est hors de l'homme, et dont la moyenne proportionnelle ne varie guère. Voilà ce qui fait que les produits de l'homme peuvent s'échanger, se servir mutuellement de mesure, en un mot se payer.

Or, dans toute cette commutation, je ne vois rien apparaître qui puisse faire de la chose échangée un fonds producteur de rente ou d'intérêt, comme est la terre, en un mot une propriété.

On peut diviser une opération d'échange en une suite de moments distincts les uns des autres, qui tous ont leur importance, et engendrent parfois dans le commerce de graves difficultés : il y a la proposition ou l'offre, qui tantôt précède, tantôt suit la demande; l'appréciation ou marchandage, la convention, le transport, la livraison, la reconnaissance de la marchandise, la réception, le payement. Entre ces divers moments, qui amènent des incidents de toutes sortes et sur chacun desquels on a écrit des volumes, impossible de placer ni de concevoir un fait qui modifie l'idée première, rien qui altère le titre du détenteur, producteur ou acquéreur de la chose, et le convertisse, de simple échangiste qu'il est, en ce que nous entendons par propriétaire.

Nous arriverons plus bas à la question de l'épargne et des capitaux, et nous nous demanderons, comme nous le faisons ici, si la notion d'épargne ou de capital peut conduire à celle de propriété. Pour le moment, nous n'en sommes qu'à l'échange.

Je dis donc que, de même que l'idée de production littéraire ne suffit point à justifier la création d'une propriété littéraire, pas plus que celle de production agricole ou industrielle n'eût suffi à légitimer la création d'une propriété foncière ; de même la notion d'échange n'y suffit pas davantage, et cela pour deux raisons également péremptoires : la première est que l'œuvre échangée n'est toujours qu'un produit, une chose fongible, consommable, le contraire de que nous appelons, par un usage généralement admis, fonds ou propriété ; la seconde, qu'après l'échange l'objet n'appartient plus à celui qui l'a créé, mais bien à celui qui l'a acquis : ce qui laisse les choses *in statu quo*, et renverse de fond en comble l'hypothèse d'une propriété au bénéfice du producteur.

Ainsi les analogies tant invoquées, et maintenant reçues partout, de la production littéraire et de la production industrielle, loin de conduire à l'idée d'une propriété quelconque, nous en éloignent. C'est ce que devraient comprendre mieux que personne MM. Frédéric Passy et Victor Modeste, qui tous deux soutiennent, avec toute l'énergie dont ils sont capables, que la propriété n'est point une conséquence de l'action productrice, et que ceux-là sont des adversaires de la propriété, qui, comme M. Thiers, lui donnent pour principe le travail du propriétaire. Il est évident, et je suis de cet avis, que la propriété foncière a une autre origine ; qu'elle est supérieure, sinon antérieure au travail, et que c'est s'enferrer soi-même et tout compromettre, que d'insister, comme font les perpétuistes, sur la qualité de producteur chez l'homme de lettres, pour en déduire celle de propriétaire.

Nous sommes entre producteurs de spécialité diverse ; ces producteurs font échange de leurs produits : mais rien dans cet échange qui suggère l'idée et fasse naître le droit d'une propriété foncière ou domaniale. La possession, c'est le terme propre, quand on parle du droit du producteur et de l'échangiste sur le produit, commence pour chacun avec le produit, embrasse le produit, rien de plus rien de moins, et finit à l'échange. *Do ut des*, je vous donne afin que vous me donniez; donnez-moi une leçon d'écriture, de calcul ou de musique, et je vous donnerai des œufs de mes poules, une pinte de mon vin, des fruits que j'ai cueillis, du beurre ou du fromage de mon troupeau, à votre choix. Chantez-moi votre poëme, racontez-moi votre histoire, enseignez-moi vos procédés, votre industrie, vos secrets; et je vous logerai, vous nourrirai, vous défrayerai pendant une semaine, un mois, un an, pendant tout le temps que vous serez mon instituteur. Les produits et services échangés, que se passe-t-il? Chacun des échangistes fait son profit personnel de ce qu'il a reçu, se l'assimile, le distribue à ses enfants, à ses amis, sans que le vendeur ait droit de protester contre cette communication. A-t-on jamais entendu dire que les jeunes gens des deux sexes, qui de France, de Suisse et de Belgique vont en Russie faire des éducations, stipulassent pour eux et leurs hoirs, en sus de leurs appointements et gratifications, que les élèves ne se feraient pas à leur tour précepteurs de leurs compatriotes, attendu que le préceptorat est la propriété du précepteur? Ce serait donner et retenir, ce qui est la destruction du principe d'échange. A ce compte, les seigneurs russes qui font venir ces jeunes gens pourraient exiger aussi d'eux qu'après avoir terminé l'éducation entreprise et reçu le salaire convenu, ils devront consommer leurs émoluments sur les terres dudit seigneur, et ne pas transporter l'or russe en pays étranger, ce qui serait de toutes les idées la plus ridicule et certainement la moins acceptable. C'est pourtant quelque chose de pareil que rêvent les partisans de la propriété littéraire : nous verrons bientôt sur quel prétexte.

En résumé, tout ce qui, produit de la pensée pure ou de l'industrie, entre dans le commerce, est réputé, non pas fonds ou propriété, mais chose fongible, consommable intégralement par l'usage, et ne reconnaît d'autre maître que celui qui l'a produit ou remboursé par un équivalent. Il en est autrement de la propriété. Le fonds de terre n'est point le produit de l'homme ; il n'est pas consommable ; et la propriété peut en être attribuée à tout autre que celui qui le façonne. Rien de plus clair que cette distinction : l'argumentation des monopoleurs la suppose, alors même qu'elle est inhabile à l'exprimer ; et tout leur talent consiste à brouiller les idées, à confondre les notions, à faire naître des équivoques, et à tirer des conclusions sans rapport avec les prémisses.

### § 5. — Difficultés particulières à l'échange des produits intellectuels.

Ce qui a dérouté les esprits, est, d'un côté, l'hétérogénéité apparente qui existe entre les diverses catégories de la production ; d'autre part, l'imperfection des procédés d'échange, et par suite du droit commutatif.

Entre le berger qui produit du beurre, de la viande, de la laine, et le manufacturier qui fabrique de la toile, des chapeaux, de la chaussure, l'échange semble facile autant que naturel. Le travail de chacun est ici incorporé dans un objet matériel, palpable, pesant, que l'on peut goûter, mesurer, éprouver, et dont la consommation est nécessairement bornée à la personne de l'acquéreur et à sa famille. Estimation, tradition et soulte ne donnent aucun embarras. Aussi la législation en cette matière est ancienne et précise.

Mais entre ces produits et l'œuvre de génie qui est une idée, que la consommation, au premier abord, semble laisser toujours entière, et dont la communication, faite premièrement à un seul, peut se répandre, sans l'intervention du producteur, à l'infini, l'échange ne paraît plus d'une pratique aussi sûre; le législateur hésite, et plus d'une fois les intéressés ont crié, celui-ci à l'exagération, celui-là à l'ingratitude. De tout temps, le commerce a été plein d'iniquité : le juif, qui depuis trois mille ans se livre au trafic, a-t-il appris à distinguer l'échange de l'agiotage, le crédit de l'usure? Les travailleurs de l'idée pure se plaignent d'avoir été mal servis; et les serfs de la glèbe, les a-t-on traités à l'eau de rose?... Examinons donc les choses de sang-froid; et, parce que la prévarication abonde, n'abjurons pas le sens commun.

Je commence par les cas les plus simples; j'arriverai ensuite aux plus difficiles.

Un médecin est appelé auprès d'un malade : il reconnaît la nature de l'affection, prescrit un médicament, indique un régime. Pour cet office, l'usage est de régler les honoraires du médecin à tant par visite payable après la convalescence; en Angleterre, il reçoit le prix de ses visites à mesure qu'il les fait. Qu'a fourni le médecin? Un conseil, une ordonnance en quatre lignes, chose immatérielle, impalpable, sans rapport avec le prix payé. Telle prescription, donnée à propos, sauve la vie d'un homme et ne serait pas trop payée de 1,000 francs; telle autre ne vaut pas la goutte d'encre qui a servi à l'écrire. Chacun comprend cependant que le médecin s'est dérangé, qu'il a dépensé son temps, qu'il a dû faire la route à pied, en cabriolet ou à cheval; qu'avant d'être médecin et d'avoir une clientèle il s'est livré à de longues études, etc. Tout cela exige une indemnité : quelle sera-t-elle? Aucun compte ne pourrait l'établir avec exactitude. On sait seulement qu'elle se détermine en raison composée des frais faits par le médecin pour son éducation et ses courses, du nombre des malades, de la concurrence que lui font ses confrères, et de la moyenne de consommation ou de bien-être des familles qui habitent la localité. En somme, et bien qu'il n'y ait pas échange de matières, il y a échange de valeurs : c'est pourquoi les soins du médecin qui sauve la vie à son malade comme de celui qui a le malheur de le perdre s'acquittent en numéraire et au même taux.

Le professeur, qui court, comme on dit, le cachet, est rétribué de la même manière, et d'après les mêmes considérations que le médecin.

Or, remarquons que, la leçon donnée, la consultation écrite, la personne qui les a reçues en fait ce qu'elle veut. S'il plaît à l'élève de transmettre à un autre ce qu'il a appris; au malade, d'indiquer à un autre malade le remède qui l'a guéri, rien ne le défend. Ni le professeur ni le médecin ne feront un procès pour cela. Si l'exercice de la médecine est interdit aux individus non munis de diplôme, c'est par raison de police et dans l'intérêt de l'hygiène publique, nullement pour cause de privilége. Tout le monde peut suivre les cours de la faculté et arriver au doctorat. En un mot, le principe inhérent à l'échange, savoir que l'objet livré devient la propriété de celui qui le reçoit, ce principe reçoit ici, comme ailleurs, sa pleine et entière exécution.

A l'égard du professeur d'université, le procédé est un peu différent : l'État lui assigne des appointements annuels, ce qui revient absolument au même. Il y a, me direz-vous, une loi qui défend à qui que ce soit de reproduire ses leçons. J'admets cette précaution de la loi, qui ne veut pas que la pensée du professeur soit mutilée, falsifiée ou travestie, par des auditeurs inintelligents ou malveillants. Le professeur est responsable de son enseignement : à lui par conséquent de présider à l'impression. Hors de là, le bénéfice que retire le professeur de ses leçons publiques, en sus de ses appointements, doit être considéré, en principe, comme double emploi. C'est une tolérance qui peut être motivée par la modicité du traitement, par le désir d'exciter le zèle du professeur, etc. Je ne discute pas ces motifs. Je dis que de deux choses l'une : ou bien ce bénéfice de publication constitue pour le professeur un complément d'honoraires; ou c'est une infraction à la règle de commerce, qui ne permet pas que la même marchandise soit payée deux fois. En tout cas, on ne saurait en tirer la moindre induction pour la création d'une rente littéraire perpétuelle.

Le magistrat, l'ecclésiastique, l'employé d'administration, sont traités sur le même pied. Eux aussi sont des producteurs intellectuels; et c'est afin de relever le caractère de leurs fonctions, qu'il répugne de confondre avec les travaux serviles de l'industrie, qu'on a inventé les termes d'appointements, honoraires, indemnités, etc., qui tous, ni plus ni moins que celui plus humble de salaire, indiquent une seule et même chose, le *prix* du service ou produit.

Souvent l'État accorde à ses anciens serviteurs une pension de retraite. Cette pension, essentiellement viagère, doit être encore regardée comme partie intégrante de la rétribution, conséquemment elle rentre dans la règle. Ici encore, je le reconnais, l'abus se glisse aisément. Mais l'abus ne fait pas disparaître le principe, il le prouve. Au fond, c'est toujours la législation de l'échange qui nous régit; et que nous dit cette législation? Offre et demande, libre débat, convention synallagmatique, dont la base est produit pour produit, service pour service, valeur pour valeur; puis, la tradition effectuée, la reconnaissance opérée, l'acceptation faite, *quittance*. Notez ce mot : l'échange consommé, les parties sont quittes l'une envers l'autre; chacune emporte sa chose, en dispose de la manière la plus absolue, sans redevance, et en toute souveraineté.

Passons à l'écrivain. D'après ce qui vient d'être dit, il est clair que si l'écrivain était fonctionnaire public, sa rémunération n'offrirait pas la moindre difficulté. Il serait traité comme le professeur d'université, comme le magistrat, l'administrateur, le prêtre, qui tous font comme lui œuvre de génie; qui souvent, sans rien écrire, dépensent plus d'éloquence, de savoir, de philosophie, d'héroïsme, que celui qui met ses rêveries dans des vers, des dissertations écrites, des pamphlets ou des romans. A cet égard, toute distinction entre ces divers services ou produits serait impertinente, injurieuse. Cependant l'hérédité a été abolie dans la magistrature et le sacerdoce de même que dans l'industrie : plus de maîtrises ni de jurandes;

les traitements sont annuels, complétés, s'il y a lieu, par une pension de retraite, et les emplois mis au concours de même que l'industrie livrée à la concurrence. Salarié de l'État, concevrait-on que le savant ou l'homme de lettres fût traité autrement que le reste du personnel? Non. Salarié de l'État, l'homme de lettres perdrait donc *ipso facto* la propriété de ses œuvres, qui lui seraient remboursées en un traitement fixe, lequel, embrassant la vie entière, exclurait le supplément de pension. — En France le clergé, salarié de l'État, mais médiocrement appointé, perçoit en outre un *casuel*, et il s'en plaint; les professeurs touchent une indemnité pour les examens; les académiciens ont des jetons de présence. Il serait bien de faire disparaître tous ces *bonis*, reste de nos vieilles mœurs, où les notions économiques étaient peu exactes, où le juge recevait des *épices*, et le clergé jouissait de *bénéfices;* où le noble cumulait avec le privilége des armes celui de la propriété, tandis que le cultivateur demeurait à toujours mainmortable et corvéable; où la liste civile du prince se confondait avec le trésor public; où la production, enfin, était servitude, et l'échange escroquerie mutuelle.

### § 6. — Liquidation des droits d'auteur.

Reste donc l'écrivain indépendant, celui qui n'est ni professeur, ni fonctionnaire, ni prêtre; qui jette son idée aux vents, sur des feuilles de papier où elle a été couchée par un imprimeur en caractères moulés. Comment se réglera sa rémunération?

Les rois de France, qui les premiers accordèrent des priviléges d'imprimer, nous l'ont dit, et nous n'avons qu'à suivre la voie qu'ils ont ouverte. L'auteur est un échangiste, n'est-il pas vrai? Avec qui échange-t-il? Ce n'est, *en particulier*, ni avec vous, ni avec moi, ni avec personne; c'est, EN GÉNÉRAL, avec le public. Puis donc que l'État, organe du public, n'alloue à l'écrivain aucun traitement, — et je me hâte de dire que je n'en réclame pas pour lui, — il est clair que ledit écrivain doit être considéré comme entrepreneur de publicité, à ses risques et périls; que ses publications sont, au point de vue commercial, chose aléatoire; qu'en conséquence il se forme entre lui et la société un contrat tacite, en vertu duquel l'auteur sera rémunéré, à forfait, par un privilége temporaire de vente. Si l'ouvrage est très-demandé, l'auteur gagnera gros; s'il est rebuté, il ne recueillera rien. On lui accorde trente, quarante, soixante ans pour faire ses frais. Je dis que ce contrat est parfaitement régulier et équitable; qu'il répond à toutes les exigences, qu'il ménage tous les droits, respecte tous les principes, satisfait à toutes les objections. L'auteur, en un mot, est traité comme tout le monde, comme les meilleurs : sur quoi fondé prétendrait-il être classé à part, et obtenir, en sus de ce que le droit commercial, la justice commutative, la raison économique lui accordent, une rente perpétuelle?

Cette déduction est claire, et je défie qu'on y montre l'ombre d'un sophisme. Reproduisons-la encore une fois, en la résumant :

On sollicite le gouvernement de constituer en faveur des écrivains une nouvelle propriété, une propriété *sui generis*, analogue à la propriété foncière.

Je ne dis rien contre la propriété foncière, établie sur des considérations à part, et qui n'est ici mise en question par personne. Je demande seulement sur quoi l'on fonde cette analogie?

Là-dessus les partisans de la rémunération perpétuelle entament une dissertation économico-juridique dont le point de départ est que l'écrivain est un producteur, et que, comme tel, il a droit à la jouissance exclusive de son produit. — J'admets l'assimilation; mais je remarque que l'idée de production et le droit qui en résulte n'entraînent point dans leurs conséquences, la constitution d'une propriété, dans le sens que l'usage vulgaire donne à ce mot, et qui est aussi celui qu'on entend appliquer aux gens de lettres. Que l'écrivain ait le droit de jouir seul de son manuscrit, si cela lui plaît, sans en faire part : encore une fois qu'est-ce que cela prouve?

On me dit que tout produit ou service mérite récompense, ce qui signifie que si l'auteur présente son œuvre à la consommation, il a droit d'en retirer, comme échangiste, un équivalent. J'accorde de nouveau la condition : mais je fais observer à mes antagonistes que l'idée d'échange, pas plus que celle de production, n'implique celle de propriété; et, suivant toujours la chaîne des analogies, je démontre, par les règles du commerce, par les principes de la justice commutative, que l'écrivain à qui l'on accorde un privilége temporaire pour la vente de ses œuvres est payé. On veut que ce privilége, de temporaire, devienne perpétuel. C'est absolument comme si la paysanne dont j'ai parlé, à qui l'on offre 50 centimes de son panier de fraises, répondait : Non, vous me payerez tous les ans, à perpétuité, à moi et à mes héritiers, 10 centimes; — comme si le producteur de blé, de viande, de vin, etc., déclinant le payement de sa marchandise, voulait en remplacer le prix par une rente perpétuelle. Ce serait, comme Jacob, exiger un droit d'aînesse en échange d'un plat de lentilles. A ce compte, il n'y aurait bientôt plus de commerce, plus même de production, puisqu'il suffirait à chaque individu d'avoir travaillé quelques années pour vivre, non plus de ses produits, mais de ses rentes. L'absurdité saute aux yeux.

A-t-on du moins un prétexte plausible pour exiger en faveur des producteurs artistiques et littéraires, et par exception à toutes les autres catégories de producteurs, cette perpétuité de redevance? Non : on n'allègue rien. Ce que réclament les perpétuistes est un don purement gratuit, qui ne s'appuie sur aucune considération tirée soit de la dignité des auteurs et artistes, soit de l'excellence de leurs produits, et qui par conséquent sort tout à fait de la règle. Pourquoi cette espèce de pensionnat éternel à des producteurs dont les œuvres, expression de l'individualité et du moment comme toutes les espèces de produits, sont bornées par nature, imparfaites, fragiles, précaires, éphémères? Ne sait-on pas que les créations de la pensée pure, comme celles de l'industrie, s'usent rapidement, effacées par le mouvement incessant de la pensée générale, absorbées et transformées par d'autres œuvres? La durée moyenne d'un livre n'est pas de trente ans : au delà de ce terme il ne répond plus à l'état des esprits, il est débordé, il a fait son temps; on cesse de le lire. Quelques-uns, l'imperceptible minorité, surnagent à travers les générations, mais comme monuments des langues, témoignages de l'histoire, objets d'archéologie et de curiosité. Qui est-ce qui lit Homère et Virgile? C'est toute une étude de les comprendre et d'en sentir les beautés. On a essayé de jouer les pièces d'Eschyle et de Sophocle : cela ne réussit plus. [La Bible, en passant des Israélites aux Chrétiens, a été complétement travestie] (1). Tout récemment, nous avons vu finir Béranger; dans quelques années, on ne parlera ni de Lamartine, ni de Victor Hugo. Ils resteront, comme des milliers d'autres, dans la mémoire des curieux érudits : ce sera leur immortalité.

Si telle est, me dira-t-on, la durée des œuvres d'esprit, quel inconvénient trouvez-vous à accorder aux écrivains un privilége perpétuel?

Les inconvénients que je trouve à cette concession sont graves et de plusieurs sortes. D'abord, la perpétuité est exorbitante; elle viole la loi de l'échange qui veut, autant que possible, que chaque produit soit payé par un équivalent. Aller au delà, c'est consacrer le parasitisme, l'iniquité. Puis, cette perpétuité serait un abandon du domaine

(1) L'éditeur de Paris, d'accord avec l'imprimeur, a exigé la suppression de cette phrase. Pourquoi? c'est ce qu'il ne m'est pas donné de comprendre. Sont-ils théologiens ou membres de la congrégation du Saint-Office pour se mêler de ces choses-là? Il est de principe, dans l'Église catholique, que la sainte Écriture peut avoir un sens **LITTÉRAL** et un sens **FIGURÉ**. Ce cas est même celui qui se présente presque toujours. Le premier est celui qui résulte de l'usage naturel des mots; on le distingue en sens *propre* et en sens *métaphorique*. Le sens figuré est celui que, selon les Pères, interprètes de la Bible, l'écrivain inspiré a voulu cacher sous les expressions dont il s'est servi. On le distingue à son tour en sens *allégorique*, sens *tropologique* et sens *anagogique*. Toute la démonstration de la foi chrétienne, en tant que dérivée de la sainte Écriture, repose sur la distinction de ces divers sens. Pour moi qui, dans un écrit sur la propriété littéraire, ayant à apprécier la valeur des œuvres de génie, ne puis considérer dans la Bible qu'un produit de l'esprit humain, j'ai dû dire que si cette Bible, tour à tour livre sacré des Hébreux et livre sacré des Chrétiens, avait fourni, pour ainsi dire une double carrière, elle le devait à la préférence donnée par l'Église au sens figuré sur le sens littéral, ce qui constitue un véritable travestissement. Mon argumentation, je l'avoue, n'avait pas besoin de ce passage : je le maintiens précisément parce qu'il me fournit l'occasion de montrer ce que devient la liberté de l'écrivain sous la censure des typographes et libraires.

public, qui, au lieu de profiter du travail intellectuel des particuliers, en serait positivement amoindri. Enfin, chose que les perpétuistes n'aperçoivent pas, si le privilége de vente était accordé aux auteurs à perpétuité, il en résulterait que la durée des œuvres littéraires, au lieu de suivre son cours normal, serait indéfiniment prolongée par le fait même du privilége, et cela au grand préjudice du progrès. — Je n'ai plus rien à dire sur la première de ces propositions, à savoir la violation des principes de l'échange : je reviendrai sur les deux autres dans la troisième partie de ce travail.

### § 7. — Réponse à quelques difficultés.

Qu'on me permette, avant d'aller plus loin, de dissiper quelques doutes provenant de la fausse terminologie employée tant par les partisans de la propriété littéraire que par ceux qui la combattent. Ces détails, je le sais, sont fastidieux : on les a rendus nécessaires.

Les deux points principaux à noter ici sont, 1° qu'entre l'auteur et le public il y a *échange;* 2° que, par le fait de cet échange, le public est saisi de l'ouvrage, et en devient, sauf payement, propriétaire. Dès lors tout s'éclaircit; les nuages accumulés par la discussion s'évanouissent.

Pour établir son idée d'une propriété intellectuelle, l'abbé Pluquet compare l'œuvre du génie à un FONDS défriché par l'auteur, et dont la *communication* qu'il fait ensuite au public est la RÉCOLTE. — On voit quelle absence de logique, et même de grammaire, règne chez cet écrivain. L'œuvre de génie n'est pas un fonds, mais un produit, ce qui est tout différent. La communication n'est pas une récolte, c'est le fait même de l'échange, ce que les jurisconsultes appellent *tradition*, les gens de commerce *livraison*, justement l'acte par lequel l'auteur se dessaisit de son œuvre. Le prix viendra après : il est absurde de donner à ce prix lê nom de récolte, à moins qu'on ne dise que le prix d'un sac de blé est la récolte donnée par le blé, ce qui serait confondre les notions et les choses. La terre labourée et ensemencée a donné pour récolte le blé; et le blé, porté à la halle et vendu, a reçu son prix : voilà les faits. De même l'homme qui explore les champs de la pensée en tire un produit qui est son livre; et ce livre, publié par la voie de la presse et acheté, procure à l'auteur sa rémunération.

D'autres, reprenant le galimatias de Pluquet, et persistant à regarder l'œuvre littéraire comme un champ, appellent *fruits* de ce champ, les copies ou exemplaires qu'en tire l'imprimeur. Or, disent-ils, tout propriétaire foncier fait les fruits siens; donc, etc. : ce qui est reproduire sous une autre forme l'absurdité de Pluquet. L'œuvre de l'auteur est une pensée, plus ou moins développée, et qui existe en lui indépendamment de l'imprimerie, de l'écriture, je dirais presque de la parole elle-même. Le discours, dans lequel cette idée se formule; le papier, les caractères au moyen desquels ce discours, pensé d'abord, puis parlé, est fixé et rendu visible aux yeux, ne sont pas les petits de l'idée, des fruits qui sortent d'elle, mais des *moyens de manifestation* dont elle se sert. C'est un produit étranger qui vient ici au secours de l'auteur, à peu près comme la sage-femme vient en aide à la femme qui accouche. Cela est si vrai, que le produit de l'imprimeur, le produit auxiliaire, non responsable, est payé par l'auteur ou par son éditeur préalablement au travail de l'auteur même.

M. Victor Modeste, poursuivant cette analogie fausse du produit littéraire avec un FONDS, se récrie contre l'expression de *salaire*, dont quelques adversaires de la perpétuité s'étaient servis mal à propos pour définir le droit d'auteur. Il dit que l'auteur n'est aux gages de personne; qu'il n'y a point ici louage d'ouvrage; qu'il ne crée pas sur commande; que par conséquent l'expression de salaire est inexacte et donne une fausse idée de la chose. Soit : rejetons le mot de salaire, qui ne s'emploie que pour certaines spécialités d'échangistes, et disons simplement que l'auteur est un producteur; qu'en conséquence, il a droit de recevoir, pour la communication de son ouvrage, une rémunération. Qu'est-ce que gagnera à cela M. Victor Modeste? Produit pour produit, service pour service, idée pour idée, valeur pour valeur : nous restons toujours dans le droit commutatif, hors de la sphère de la propriété.

Contre la perpétuité des droits d'auteur, quelques-uns ont fait valoir l'*utilité publique*. Argument malheureux : si la perpétuité des droits de l'écrivain pouvait résulter de sa qualité de producteur, comme ont essayé de le soutenir les partisans de la propriété littéraire, il n'y aurait utilité publique qui tînt, il faudrait reconnaître la propriété ou dédommager l'auteur par un équivalent. L'utilité publique n'a rien à voir ici, mais bien le droit public. L'œuvre littéraire, par le fait de la publication, est entrée dans le domaine de la publicité, c'est-à-dire qu'elle fait partie désormais de l'avoir collectif, sauf liquidation des droits de l'écrivain.

Le rapporteur de la loi de 1791, Chapelier, est tombé dans une erreur analogue, quand il a dit que, « *Le privilége de vente expiré, la propriété du public commençait.* » C'est toujours méconnaître la nature du contrat de vente et d'échange, et en particulier celui qui est censé formé entre l'auteur et le public. En toute vente ou échange, la propriété de l'acquéreur commence à la livraison ou réception de la marchandise, alors même que le payement n'aurait lieu que longtemps après ; en fait de livres, cette livraison a lieu au moment de la publication. Ne confondons pas, comme l'a fait Chapelier, ces deux choses, la propriété de l'œuvre littéraire et le droit d'en débiter des exemplaires. La première a pour objet le contenu du livre ; elle finit pour l'auteur et commence pour le public à la mise en vente. Quant au privilége, qui n'est autre chose qu'une garantie de rémunération donnée à l'auteur, et qui n'intéresse que ceux qui font le commerce des livres, il finit également pour l'auteur et commence pour tous les libraires à l'expiration du délai fixé par la loi.

Cette prise de possession par le public d'un ouvrage qu'il paye, semble, aux défenseurs de la propriété littéraire, une usurpation. Après avoir dit que la communication du manuscrit est la récolte de l'auteur, l'abbé Pluquet prétend que cette communication, propriété exclusive de l'auteur, ne peut être faite sans sa permission par les personnes qui l'ont reçue d'autres personnes. Une semblable communication, ajoute M. Laboulaye père, serait un vol ; ce serait moissonner dans le champ d'autrui... Ils n'en reviendront jamais. Ne confondons pas confidence avec communication. Tant que l'œuvre est inédite, ceux à qui l'auteur en confie le secret ne pourraient, sans manquer à l'honnêteté et à la justice, le divulguer. Mais si la communication a été payée, si un seul exemplaire a été vendu, il y a publication. Le prix payé implique pour l'acquéreur droit d'user, de jouir, de faire part, de citer, de donner lecture. Défendrez-vous à l'amateur, qui vient de payer un livre, de réunir chez lui une douzaine d'amis, de faire des lectures, de prêter et faire circuler son volume? Il faudrait aller jusque-là, si l'on suivait jusqu'au bout le raisonnement de ces acharnés propriétaires. A Paris, il n'est pas rare que les ouvriers se réunissent pour se procurer en commun un ouvrage que leurs moyens ne leur permettent pas individuellement d'acheter. Ces sociétés en communication d'écrits seront-elles poursuivies comme attentatoires à la propriété des auteurs?

Ici, les adversaires de la propriété littéraire tombent dans un autre excès. On a dit que le contrefacteur, en réimprimant un livre, ne faisait qu'user de sa chose. En principe, cela est vrai. Tout le monde a le droit de communiquer, prêter, copier le livre, qu'il a acheté et d'en distribuer des copies. Dans la pratique, il faut attendre l'expiration du privilége de l'auteur, parce qu'agir autrement serait frustrer l'auteur de sa rémunération légitime.

A ce compte, dira-t-on encore, si la propriété d'un écrit passe de l'auteur au public le jour de la publication, l'auteur ne peut plus faire de son ouvrage ce qu'il voudra; il n'a plus le droit de le corriger, de le modifier, de l'étendre, de le réduire, puisque ce serait porter atteinte à la chose publique.

Cette objection, très-chatouilleuse pour l'amour-propre des auteurs, n'est pas plus difficile à résoudre que les autres : ce n'est pas même, à vrai dire, une objection. On peut admettre que, pendant toute la durée de son privilége, il sera facultatif à l'auteur, dans les éditions subséquentes, de se rectifier lui-même, de s'amender, de se rétracter même, de perfectionner son œuvre et de l'enrichir. Mais il n'est plus maître de la supprimer; car, je le répète, d'une part, au point de vue commercial, le public est saisi; de l'autre, en ce qui concerne la sincérité de l'œuvre, la bonne foi des communications, la probité littéraire, l'auteur ne peut plus faire que ce qu'il a dit une fois il ne l'ait pas dit; que ce que le public a lu n'ait pas été lu; que les lecteurs n'en aient pas pris note, ne se le soient approprié et ne conservent ainsi le droit de le représenter au besoin à l'auteur, malgré ses dissimulations et rétractations (1).

(1) Ici, je puis citer un arrêt de cour impériale qui m'est personnel. J'avais publié, en 1836, anonyme, un opuscule de grammaire générale faisant suite aux *Éléments primitifs* de Bergier. L'ouvrage resta en presque totalité invendu. Plus tard, sur de nouvelles études, jugeant mon premier essai défectueux, je résolus d'en faire le sacrifice, et je vendis à l'épicier ce qui me restait de l'édition. Un libraire racheta ces exemplaires, et en 1852, les mit en vente avec mon nom. C'était mon œuvre, assurément, je ne le niais pas. Mais cette œuvre, je ne l'avais pas d'abord signée, parce que je n'en étais pas sûr, que je ne la publiais que sauf révision ultérieure et amendement; et j'avais eu tout lieu de me féliciter de cette discrétion. Pourquoi donc vendait-on, sous mon nom et sans mon aveu, une œuvre que j'avais refaite, que je me réservais de rééditer moi-même, et de laquelle j'attendais le dédommagement de la perte que m'avait causée mon premier essai? Certes, je pouvais me dire lésé, et comme auteur, et comme éditeur. Le tribunal de commerce de Besançon me donna gain de cause; mais la Cour, considérant les choses à un autre point de vue, et appréciant les faits en toute souveraineté, en jugea autrement. Elle se laissa dire que le procès avait été intenté par moi à mauvaise intention; que ce n'était point l'amour de la vérité, mais le désir de faire disparaître des pages compromettantes pour mon amour-propre, qui me dirigeait; qu'on ne devait pas souffrir qu'un écrivain pût ainsi mentir au public, etc. A quoi je répondais que le libraire n'avait qu'à attendre ma nouvelle publication; qu'alors il aurait tout loisir de comparer les deux ouvrages, de faire ressortir les passages accusateurs, et de me reprocher publiquement, s'il y avait lieu, ma mauvaise foi. Ces observations furent jugées spécieuses, et l'on débouta le *sophiste*. La Cour, je le répète, avait raison sur un point; c'est que la pensée de l'écrivain, publiée par lui, est devenue propriété publique. Mais le moment n'était pas venu de faire contre moi application de ce principe, puisque j'avais moi-même à faire une nouvelle édition, que mon privilége d'éditeur était garanti par la loi, et qu'en autorisant une publication que je désavouais, on me causait un préjudice réel.

Si l'écrivain, dont l'œuvre a reçu un commencement de publicité, n'a plus, en principe, le droit de la retirer, à plus forte raison un pareil droit ne saurait-il appartenir à ses héritiers. A cet égard, l'argumentation des défenseurs du domaine public exige un nouveau redressement. Une des raisons, selon eux, qui doivent faire rejeter le principe de la propriété littéraire, c'est que les familles, par des considérations ou des intérêts étrangers à l'auteur, pourraient anéantir ou mutiler ces ouvrages. Ce raisonnement, de même que celui tiré de l'utilité publique, est vicieux; car si la propriété est de droit, si elle est transmissible, rien ne peut venir la limiter, ni dans la personne de l'auteur, ni dans sa famille. Mais il est clair que les légistes dont je parle ont vu la chose à rebours de ce qu'elle est; ce n'est point parce que la famille pourrait abuser de la propriété et détruire l'œuvre de l'écrivain, que cette propriété doit être rejetée; c'est au contraire parce que le public est saisi et rendu irrévocablement possesseur, en vertu de la publication, c'est parce qu'il y a eu échange, que l'auteur et sa famille perdent la faculté de disposer souverainement du livre, en compensation duquel il leur est alloué un privilége de vente temporaire.

§ 8. — Du crédit et des capitaux. — Que les notions d'épargne, capital, prestation ou commandite, ne peuvent conduire à celle d'une propriété littéraire analogue à la propriété foncière, et donner lieu à une rente perpétuelle.

Mais, me dira-t-on, votre théorie pèche par la base; elle repose sur une assimilation inexacte. Ce qui se passe entre l'écrivain et le public n'est pas un échange, comme vous le dites ; c'est plutôt un prêt. En effet, le produit littéraire n'est pas de ceux qui se consomment par l'usage, comme la plupart des produits industriels ; c'est un produit qui ne se consomme pas. La communication de ce produit constitue par conséquent, non une vente ou un échange, mais une prestation. Or, à moins de prétendre que le prêt doive être gratuit, ce qui n'est pas de la pratique existante, reconnue légitime chez tous les peuples, il faut admettre que la publication d'une œuvre de littérature, de science ou d'art, de même que la prestation d'un capital, le louage d'une maison, d'un navire ou d'une machine, peut donner lieu à un revenu perpétuel. Sans doute, l'écrivain est le maître de livrer pour rien le fruit de son travail ; on n'a jamais condamné la libéralité et le sacrifice. Sans doute encore, il a le droit de faire du produit de ses veilles un objet d'échange, et, après avoir perçu vingt ans, trente ans, ses droits d'auteur, de renoncer à l'usufruit et de lancer son livre dans le domaine public. Mais ce sera de sa part un acte gracieux, une véritable donation, en l'absence de laquelle le bon sens et toutes les analogies disent que l'intérêt ou la rente doit être payé, à perpétuité, à l'écrivain.

Je ne veux point discuter ici la question du prêt à intérêt et de la gratuité du crédit : ce serait soulever un nouveau scandale, et faire crier plus haut que jamais au sophisme. Je l'ai dit autrefois à Bastiat : Je ne veux rien pour rien ; je reconnais que si mon voisin me rend service, en me prêtant soit du grain, soit un outil, il a droit d'exiger un dédommagement. Je demande seulement à n'être pas contraint de payer intérêt quand je puis mieux faire ; j'ai le droit de me passer de la commandite d'autrui, si je puis subvenir à ma détresse par d'autres moyens; en tous cas, j'entends ne payer que ce qui est juste. Telle est ma profession de foi sur le prêt à intérêt. Ainsi, que les rentiers de l'État, les actionnaires de grandes compagnies, les capitalistes du crédit foncier et du crédit mobilier, les constructeurs de maisons, etc., ne prennent pas l'alarme : je ne toucherai point à leur droit pas plus qu'à celui des propriétaires. Tout ce que je soutiens, c'est que la communication faite par l'auteur au public n'est point une opération de crédit; ce n'est, dis-je, ni un prêt, ni un loyer, ni une prestation, ni une commandite; c'est, comme je l'ai expliqué, purement et simplement un fait de commerce, un échange.

Tout est faux, illusoire, contraire aux principes de la science économique et à la pratique des affaires dans l'argumentation de mes adversaires. C'est ce dont le lecteur n'aura pas de peine à se convaincre, pour peu qu'il suive le fil de mon raisonnement.

Et d'abord, on part d'une fausse hypothèse quand on dit que le produit intellectuel, ne se consommant pas par l'usage, ne peut donner lieu à un échange. Cela suppose que l'échange embrasse exclusivement dans sa spécialité les choses qui se consomment par l'usage, et le prêt celles qui ne se consomment pas. Or, l'un n'est pas plus vrai que l'autre : une prestation de vivres, par exemple, peut fort bien donner lieu à un intérêt; de même qu'une prestation de capitaux, terres et maisons, peut fort bien se convertir en un échange. La consommabilité ou fongibilité du produit n'a donc ici rien à faire : elle n'est point par elle-même un signe que le contrat passé entre le producteur et le consommateur ou l'usager est un contrat de louage ou de prêt, ou un contrat d'échange. Il faut d'autres indices, un autre diagnostic.

Et puis, est-il vrai de dire que le produit intellectuel est inconsommable de sa nature, éternel? J'ai eu déjà l'occasion, § 2, de remarquer qu'il n'en est point ainsi : je ne puis que reproduire, en autres termes, mon observation. Ce que l'homme produit du sien, dans l'ordre de la philosophie et de l'art comme dans celui de l'industrie, ce n'est ni la matière, ni les idées, ni les lois. La matière est donnée par la nature dans les corps, tant organisés qu'inorganisés; l'homme n'en saurait créer ou détruire un atome. Les idées et les lois sont données à l'homme dans la contemplation des choses; il ne peut en supprimer ou inventer une seule. La vérité ne dépend pas de lui; tout ce qu'il peut est de la découvrir pas à pas, laborieusement; de la formuler de son mieux, par la parole, l'écriture, les œuvres de son art et de son industrie. Il est maître aussi, à ses risques et périls, de n'en pas tenir compte, de fermer les yeux sur elle, de la proscrire : le mensonge et la sophistique sont à lui; il saura bientôt ce qu'ils valent. Quant à la beauté et à la justice, elles sont aussi indépendantes de notre raison et de notre volonté que la vérité et les idées : à cet égard nous n'avons encore que le choix de nous en approcher par une étude incessante et un dévouement absolu, ou de les nier par l'abandon de toute dignité et de tout idéal. Nous saurons alors ce qu'il en coûte de cultiver l'iniquité et la laideur, deux choses qui ont pour dénominateur commun le péché.

Qu'est-ce donc encore une fois que l'homme produit, s'il ne crée point la matière et la vie, s'il ne fait pas ses idées, s'il ne peut s'attribuer à lui-même la révélation du beau et du juste; si sa plus grande gloire, en tout ce qui concerne le travail de la pensée pure, est de rendre exactement la vérité, sans erreur, fraude ni surcharge?

L'homme produit, dans la mesure de son être borné, des mouvements et des formules, les premiers ayant pour but de donner, par une façon particulière, une utilité plus grande aux corps; les secondes servant d'approximation à la vérité et à l'idéal entrevus. Tout cela est essentiellement personnel, circonstanciel, par conséquent transitoire, sujet à perpétuelle révision et de peu de durée. C'est ce que rend sensible le destin des ouvrages de l'intelligence.

Quels sont les écrits qui sembleraient devoir être le plus à l'abri des variations de l'opinion et du progrès? Ceux qui traitent des sciences exactes, géométrie, arithmétique, algèbre, mécanique. Eh bien, les traités se renouvellent sans cesse; il y en a presque autant que de professeurs, et ce sont toujours les plus anciens qui sont le moins en usage. Que veut dire ce renouvellement incessant? Que la vérité et la certitude varient? Nullement : mais c'est que, pour la même idée, pour la même vérité, pour la même loi, il faut à chaque génération, que dis-je? à chaque classe d'étudiants, une formule nouvelle et spéciale; ce qui signifie, en autres termes, qu'après dix, quinze ou vingt ans, l'œuvre de l'écrivain est parfaitement consommée. La forme est usée : l'œuvre a rempli son but; elle a fait son service, elle est finie.

Il n'est donc pas exact de dire que le produit de l'écrivain est inconsommable, qu'il est éternel, qu'en conséquence il oblige toute la série des générations envers l'auteur. Ce qui est éternel, je le répète, c'est la matière, ce sont les idées. Or, ces choses ne sont pas de nous. Pour qu'elles devinssent des propriétés, pour qu'elles donnassent lieu à des majorats, à une aristocratie de la pensée, il faudrait des considérations d'un ordre transcendant : et nous n'en sommes qu'à la pratique industrielle et mercantile, aux notions purement économiques de *production, échange, prix, salaire, circulation, consommation, prêt, crédit, intérêt.*

Ces observations faites, tant sur la consommabilité des produits intellectuels que sur la qualité des choses qui s'échangent et de celles qui se prêtent, entrons dans la théorie du capital et du crédit, et faisons-en application à la production littéraire.

En premier lieu, le produit de l'homme de lettres, à l'instant où il entre dans la publicité, peut-il être considéré comme *capital?*

Tout le monde sait ce qu'on entend par ce mot : c'est une masse de produits accumulés par l'épargne, et destinés à la reproduction. Le capital par lui-même n'existe pas; ce n'est pas une chose nouvelle; c'est un aspect particulier du produit, considéré dans l'emploi auquel on le destine. Ainsi, on appelle capital ou cheptel du fermier, les instruments aratoires, le bétail, les fourrages, graines, provisions, les effets de ménage, vêtements, linge, tout ce qui sert au travail et à l'entretien de la famille, en attendant la récolte. Le capital de l'artisan se compose des outils et matières premières dont il est assorti. Les maisons, machines, les travaux exécutés sur le sol, sont des capitaux. L'homme lui-même, en tant qu'il est considéré comme agent ou engin de production, est réputé capital :

un sujet mâle de 25 ans, valide, ayant appris un état, est évalué en moyenne 25,000 francs.

D'après cela, il n'est pas difficile de dire en quoi consiste le capital de l'écrivain. Ce capital se compose de ses études, de ses notes, des travaux qu'il a commencés, des matériaux qu'il a recueillis, de sa bibliothèque, de son portefeuille, de sa correspondance, de ses observations, de son habileté acquise par le travail, des moyens d'existence qu'il s'est assurés en attendant les rentrées que doivent lui procurer ses écrits. Tel est le capital de l'écrivain. Mais ce n'est pas là ce qu'il met dans la circulation ; ce n'est pas ce qu'il offre au public, qui n'en aurait que faire. Le capital de l'écrivain, comme tout capital engagé, est chose à peu près invendable, incommunicable, qui ne vaut que pour celui qui la fait valoir, et qui, mise à l'encan, ne rapporte souvent pas dix pour cent de ce qu'elle a coûté. Au regard de l'écrivain, le livre publié n'est donc pas du capital ; c'est bien réellement un produit.

Tournons-nous du côté du public. Le produit d'auteur, entrant dans la consommation générale, sera-t-il considéré comme capital? Entendons-nous. Nous venons de voir en quoi consiste, pour chaque catégorie de producteurs, le capital : c'est un ASSEMBLAGE, acquis par la voie du commerce ou de l'échange, d'instruments, d'outils, de matières premières, de subsistances, au moyen desquels le producteur accomplit son œuvre de reproduction. En un mot, c'est le fonds reproducteur. Le mot de capital, ou fonds, implique ici composition, accumulation, assemblage. Suivant les professions et industries, cet assemblage comprend un plus ou moins grand nombre d'articles. Tant que ces articles divers sont en la possession de leurs vendeurs respectifs, ils ne sont pas du capital; ils ne le deviennent que postérieurement après l'acquisition du consommateur, qui, les ayant payés, les porte à son crédit, à son compte de capital, à lui, consommateur.

Mais alors ce n'est pas au profit de celui qui a produit et vendu la marchandise que le produit ainsi capitalisé porte intérêt; c'est au profit de l'acquéreur, qui porte cet intérêt dans ses frais de reproduction. Ainsi, que l'écrivain compte dans le prix qu'il doit retirer de ses ouvrages l'intérêt de l'argent qu'il dépense pour sa bibliothèque, pour ses voyages d'investigation, pour les collaborations dont il profite, il en a le droit : c'est l'intérêt de son propre capital. Mais qu'il réclame une redevance perpétuelle du public pour les communications qu'il lui a faites, sous prétexte que ses œuvres sont entrées dans le capital public, dans le domaine public, ce serait dérisoire. Oui, l'œuvre de l'écrivain est entrée dans le capital public; le produit intellectuel de l'individu fait partie de l'*avoir* collectif : mais c'est justement pour cela que ledit individu n'a rien à réclamer, si ce n'est le prix de son produit, la rémunération de sa peine. Ce n'est pas pour lui que l'*avoir* collectif produira intérêt, s'il y a intérêt produit, ce sera pour le public.

Toute notre argumentation subsiste donc : les conclusions auxquelles nous sommes arrivés par les notions de produit et d'échange se retrouvent identiquement les mêmes dans l'analyse du capital.

On insiste : Pourquoi la théorie de la prestation ne serait-elle pas applicable aux œuvres de l'intelligence, aussi bien que celle de l'échange? Pourquoi la rémunération de l'écrivain, au lieu de s'exprimer par un prix une fois payé, n'aurait-elle pas la forme d'un intérêt? Vous admettez le principe de l'intérêt; vous reconnaissez qu'il est applicable aux objets de consommation, *mutuum*, aussi bien qu'aux choses qui ne se consomment pas et aux immeubles, *commodum*. Pourquoi, encore une fois, ne pas préférer ce dernier mode de rétribution, qui satisferait les amours-propres, à l'autre, qui semble moins équitable et fait crier?

Distinguons encore, s'il vous plaît : S'il ne s'agit que de remplacer une opération de vente et d'achat par une opération de crédit, je ne m'y oppose pas. Qu'est-ce que le crédit? Un échange à long terme, qui implique pour l'emprunteur la faculté de remboursement, excluant par conséquent la perpétuité de la dette, ou, ce qui revient au même, de l'intérêt.

Ainsi le commerçant qui escompte ses effets de commerce paye à la banque un intérêt : rien de plus juste puisqu'il reçoit un service, puisque, en attendant le payement, il a besoin de rentrer dans son capital, et que ce capital on le lui fournit. Mais il est entendu que l'intérêt n'est dû par lui que jusqu'au jour où la Banque sera elle-même remboursée, jour fixé sur la lettre de change présentée à l'escompte.

Ainsi, le consommateur qui achète à crédit paye au vendeur un intérêt : c'est encore juste, puisque l'intérêt est la compensation du retard apporté au payement. Le payement effectué, l'intérêt cesse. Dans ce cas, comme dans le précédent, l'intérêt n'est pas cherché pour lui-même; il n'est exigé que comme rémunération d'un service, prix d'un crédit momentané. La preuve, c'est qu'aucun banquier ne consentirait à renouveler éternellement les obligations de ses clients, et que ceux-ci renonceraient au commerce, ou feraient banqueroute tôt ou tard, s'ils ne subsistaient que de cette *circulation.*

Ainsi encore l'emprunteur sur hypothèque paye intérêt, mais toujours avec l'espérance et la faculté de se libérer le plus tôt possible.

Ainsi, enfin, le créancier de l'État, comme l'actionnaire de chemin de fer, reçoit un intérêt : mais l'État conserve le droit de se libérer; mais les Compagnies ne sont formées que pour quatre-vingt-dix-neuf ans, et l'on regarde comme un malheur, comme un signe d'appauvrissement et de décadence, quand l'État, au lieu d'amortir ses dettes, les augmente; quand une Compagnie, au lieu de recouvrer avec bénéfice son capital dans le temps prescrit, n'en peut retirer que la moitié.

Partout vous trouvez que le crédit n'est qu'une forme de l'échange : si c'est ce que l'on demande pour la production intellectuelle, je n'ai rien à dire; il n'y a qu'à rester dans le *statu quo.* Mais qui ne voit qu'il s'agit ici pour les auteurs de toute autre chose? C'est une rente perpétuelle que l'on sollicite, ce qui sort autant de la notion de crédit, que de celle de production et d'échange.

Tous les prétextes échappent donc et se réfutent d'eux-mêmes. La prétention à une propriété n'est fondée que sur une insigne jonglerie. Du moment que l'œuvre de génie est classée juridiquement et scientifiquement comme *produit*, elle n'a droit qu'à une rétribution définie, ce qui peut se faire de deux façons, ou par des appointements viagers, ou par un privilége de vente à terme. Exiger davantage ne serait plus ni du crédit, ni de l'échange; ce ne serait pas du commerce loyal : ce serait pis que de l'usure, car l'usure a sa fin comme l'intérêt; ce serait créer un domaine de l'entendement, et faire le public, l'État, la société, serfs de l'écriture, ce qui serait pour eux cent fois pis que d'être serfs de laglèbe.

### § 9. — Du domaine et de la personnalité.

Admettons toutefois, pour un moment, le principe d'une propriété intellectuelle. Il s'agit de passer à l'application, et je demande où, avec quoi, pourrait se créer cette propriété?

Ce n'est pas sur le produit de l'écrivain qu'elle s'établirait : nous avons prouvé à satiété que l'idée de production n'implique aucunement celle de propriété; qu'ensuite le produit, soumis aux lois de l'échange, offre et demande, tradition, payement, quittance, ne peut devenir un fonds sur lequel se constituerait une redevance perpétuelle.

Ce n'est pas non plus sur le capital de l'auteur que s'établirait cette propriété : ce capital, précieux pour l'écrivain, mais inutile au public qui ne demande que le produit, est une non-valeur impropre à l'objet que se proposent les nouveaux propriétaires. Quant aux idées de *crédit* et d'*intérêt*, dans lesquelles on voudrait chercher une analogie favorable à l'idée d'une redevance perpétuelle, elles sont radicalement exclusives de cette perpétuité.

Que reste-t-il donc à faire? C'est d'approprier le domaine spirituel, le monde des idées, comme on a partagé et approprié le sol, le monde de la matière. M. de Lamartine ne tend à rien de moins que cela.

« Un homme dépense ses forces à féconder un champ ou à créer une industrie lucrative. Vous lui en assurez la possession à tout jamais, et, après lui, à ceux que le sang désigne ou que le testament écrit. Un autre homme dépense sa vie entière, dans l'oubli de soi-même et de sa famille, pour enrichir après lui l'humanité ou d'un chef-d'œuvre, ou d'une de ces idées qui transforment le monde... Son chef-d'œuvre est né, son idée est éclose; le monde intellectuel s'en empare; l'industrie, le commerce les exploitent; cela devient une richesse; cela fait des millions dans le travail et dans la circulation; cela s'exporte comme un produit naturel du sol. Et tout le monde y aurait droit, excepté celui qui l'a créé, et la veuve et les enfants de cet homme, qui mendieraient dans l'indigence, à côté de la richesse publique et des fortunes privées enfantées par le travail ingrat de leur père!.. »

M. de Lamartine prend les fanfares de son éloquence pour des raisonnements. Chez lui l'hyperbole, l'antithèse, l'exclamation et la déclamation tiennent lieu de logique. On lui demande une définition, il fait un tableau; une preuve, il atteste les dieux, il jure sur son âme, il évoque des spectres, il pleure. M. de Lamartine est un des écrivains contemporains qui ont tiré le plus d'argent de leur faconde; il a été rémunéré, en argent et en célébrité, bien au delà de ses mérites, et il se plaint de misère. A qui la faute? La société est-elle ingrate, parce qu'il ne sait pas mieux se conduire que réfléchir?

Je ne demande pas mieux que de combler les vœux de M. de Lamartine, mais encore faut-il savoir au juste ce qu'il demande. Essayons de tirer au clair la pensée du grand assembleur de rimes.

On veut une propriété littéraire qui soit autre chose que la simple possession du produit intellectuel, ou le prix de ce produit; une propriété qui soit au monde intellectuel et moral ce que la propriété terrienne est au monde industriel et agricole. C'est donc l'idée même, c'est-à-dire un coin du monde intellectuel et moral, et non pas simplement la formule ou l'expression donnée à cette idée, qu'il s'agit d'approprier. La comparaison entre l'homme qui défriche un champ, et qui devient, avec la permission de la société, propriétaire de ce champ, et l'écrivain qui a conçu, couvé, fait éclore, développé une idée, le fait clairement entendre.

Mais d'abord, voici M. Frédéric Passy, un des champions les plus forcenés de la propriété littéraire, aussi ennemi des sophistes que M. de Lamartine, qui soutient, et M. Victor Modeste est de cet avis, et je me range à l'opinion de ces messieurs, que cette manière de légitimer le démembrement du domaine commun et son appropriation par le travail, est d'une souveraine injustice ; qu'elle ne tend à rien de moins qu'à faire condamner la propriété foncière, et que ceux qui défendent une pareille opinion, qu'ils le sachent ou l'ignorent, sont les plus grands adversaires de la propriété. Je suis prêt à signer cette observation des deux mains ; et, sur ce premier considérant, je conclus à ce que M. de Lamartine soit déclaré mal fondé en sa demande.

En vertu de quel principe sera donc octroyée la propriété littéraire, si la qualité de producteur, de travailleur, d'élaborateur, d'accoucheur de l'idée, — c'est M. Frédéric Passy qui le dit et le démontre, — ne peut être considérée comme un titre suffisant ? Sera-ce en vertu du bon plaisir du législateur ? Bossuet et Montesquieu, observe M. Victor Modeste, avaient déjà prétendu que la propriété foncière n'avait d'autre fondement que la loi, l'autorité du législateur. Mais on a abandonné ce système, entaché de partialité, d'arbitraire, et qui laisse sans réponse cette question redoutable : Pourquoi le législateur, en partageant la terre et octroyant la propriété, n'a-t-il pas fait les parts égales et pris des mesures pour que, dans l'avenir, quel que fût le mouvement des populations, elles restassent égales? Certainement le législateur, en fondant la propriété, a eu ses motifs; il a obéi à des considérations d'ordre public; or, ce sont ces considérations que l'on ne comprend pas, en présence de l'inégalité des fortunes. Le principe de souveraineté, la puissance législative et juridique, insuffisante à légitimer la propriété terrienne, au moins d'après les modernes critiques, ne le serait donc pas davantage à légitimer une propriété intellectuelle. Et puis, quand il serait vrai que la propriété a pour fondement l'autorité législative, qui nous dit que le législateur devrait se regarder comme lié par cette première constitution, et lui donner un pendant en créant une propriété littéraire?

Quant au droit de première occupation ou de conquête, par lequel on a essayé d'expliquer aussi la formation de la propriété, il ne faut pas demander si nos économistes et jurisconsultes y souscrivent : ils le repoussent avec indignation. L'idée d'un pareil droit était digne de la barbarie des temps féodaux; de nos jours, elle ne trouverait personne qui l'appuyât.

Quel fondement allons-nous alors donner à la propriété foncière, si ce fondement n'est ni dans la loi, ni dans le travail, ni dans la conquête ou droit de premier occupant? Nous avons besoin de le savoir; car, tel aura été trouvé le principe de la propriété foncière, tel sera, d'après mes contradicteurs, le principe? non, le prétexte de la propriété littéraire.

M. Frédéric Passy, qui a fort bien senti le danger, pour

la propriété foncière, et de la théorie législative ou gouvernementale, et de la théorie utilitaire, et de la théorie conquérante; qui, sur tous ces points, s'est trouvé d'accord avec le *sophiste*, a donc cherché ailleurs. Il s'est plongé dans les profondeurs de la psychologie. Qu'a-t-il trouvé au fond de ce puits? La vérité? Hélas! la déesse à la nudité éternelle n'est pas faite pour les vieillards de la synagogue de Malthus. M. Frédéric Passy a découvert, par son analyse, que l'homme est un être actif, intelligent, volontaire, libre, responsable, en un mot personnel; qu'en raison de cette activité, de cette intelligence, de cette volonté, de cette liberté, de cette responsabilité, de cette personnalité, il tend fatalement à l'appropriation, à se poser en souverain de tout ce qui l'entoure; et que telle est l'origine de la propriété. Pauvre homme! qui, à force de s'échauffer le cerveau en creusant son trou psychologique, ne s'est pas aperçu qu'il ne faisait que répéter en autres termes ce que lui-même venait de réfuter dans les théories d'appropriation par le travail, par le gouvernement, ou par la conquête.

Assurément l'homme est un sujet actif, intelligent, volontaire, responsable, tranchant du maître, et, nonobstant cet orgueil, digne de considération et de respect. Sa personne, tant qu'il ne se permet à l'égard de ses semblables aucune agression, est inviolable; son produit sacré. Mais de tout cela que pouvez-vous conclure? Que l'homme a besoin, pour déployer son être et manifester sa personne, d'une matière sur laquelle il agisse, d'instruments, d'éducation, de crédit, d'échange, et d'initiative. Or, c'est à quoi satisfait pleinement la *possession*, telle que la définit et l'interprète la jurisprudence, que la consacre le Code civil, que l'a comprise dès le commencement et que la pratique encore aujourd'hui la masse des peuples slaves. Cette possession, qui sauve l'homme du communisme, l'économie politique peut s'en contenter. J'ai montré que les théories de la reproduction, du travail, de l'échange, du prix, de la valeur, du salaire, de l'épargne, du crédit, de l'intérêt, ne demandent, ne supposent, n'impliquent rien de plus. Les relations de cité et de famille, l'hérédité elle-même, n'exigent pas davantage. Sans doute l'économie politique ne repousse pas la propriété, Dieu me garde de le dire! Mais elle n'y conclut point, elle pourrait s'en passer; elle ne l'a point faite, mais trouvée; elle l'a acceptée, non appelée; à telles enseignes, que les choses se passeraient absolument de la même manière dans l'ordre économique, si la propriété n'existait pas, et que c'est la plus grande question de notre siècle de savoir sur quel fondement repose la propriété et quelle est sa fonction dans le système humanitaire.

[Pourquoi donc, encore une fois, cette investiture, ou cette usurpation, ou cette création de notre spontanéité, comme l'on voudra? Car il est évident que, soit qu'on rapporte la propriété à la loi, soit qu'on la fasse dériver du travail ou de la conquête, soit enfin qu'on se contente d'y voir un effet de l'individualisme, des tendances de la liberté et de l'ambition, quelque interprétation que l'on adopte, on n'a rien dit pour la justification, pour la légitimation historique et sociale de la propriété...

Ici, je suis forcé de m'interrompre, averti par mon éditeur qui me crie que j'*attaque la propriété*. Je ne connais pas de plus grande honte pour une époque que ce terrorisme qui affecte jusqu'à l'entendement, *et trahit bien moins le respect des institutions et des lois que l'hypocrisie des consciences* (1). Quoi! j'attaque la propriété, le droit des propriétaires, parce que je soutiens contre les économistes, qui se contentent de l'accepter comme article de foi, qu'elle constitue le plus grand problème de la science sociale, problème d'autant plus difficile qu'elle semble reposer uniquement sur le principe condamné par l'Évangile, l'égoïsme! C'est donc attaquer la Divinité que de dire que la démonstration de l'existence de Dieu proposée par Clarke ne démontre pas cette existence, ce dont conviennent les mystiques eux-mêmes; — c'est être pyrrhonien, nihiliste, que de soutenir que tout raisonnement par lequel on essayerait de prouver la réalité de la matière et du mouvement implique pétition de principe et contradiction; — c'est blasphémer contre toute loi divine et humaine, que de signaler l'ignorance et de poser des problèmes! Mais alors toute science devient impossible, toute philosophie impossible; je dis plus, toute politique et tout gouvernement sont impossibles.

Pascal, dans ses *Pensées*, commence par abaisser l'homme, qu'il se propose d'exalter et de glorifier plus tard. Dit-on que Pascal, développant la théorie du péché originel, est ennemi de Dieu et du genre humain? C'est à peu près ainsi que j'en use avec la propriété : forcé de la rejeter, si je n'en considère que le principe et les motifs tels qu'ils sont donnés dans l'école; mais lui attribuant une raison supérieure et m'apprêtant à la défendre, quand je connaîtrai cette raison. Et que puis-je faire de mieux

(1) Les mots en italiques ont été signalés spécialement comme dangereux.

pour elle, en attendant qu'il me soit donné de la contempler dans son essence et dans sa fin, que de la tirer des banalités qui la compromettent? Faut-il que je l'adore comme le Dieu caché que le siècle affirme en le méconnaissant] (1)?

(1) Ces trois alinéas, commençant aux mots : *Pourquoi donc*, et finissant par *méconnaissant*, ont été biffés par les éditeurs parisiens. Déjà, comme on peut s'en convaincre à la lecture, ils avaient été l'objet d'une retouche : cette modification n'a pas suffi; le censeur typographe a exigé la suppression pure et simple. Comme tout ce passage tient à la pensée même de ma brochure et au but que je me propose, je vais tâcher d'expliquer, dans cette note en quoi consiste cette pensée.

Il s'agit ici de la propriété foncière, laquelle, selon moi, n'a rien du tout de commun avec les droits d'auteur, et dont l'origine n'a d'ailleurs jamais été clairement expliquée, je parle au point de vue du droit, non de l'histoire. Or, afin de mieux faire sentir la disparité des deux questions, la question des droits d'auteur, d'une part, et la question de propriété foncière, à l'instar de laquelle on demande la création d'un monopole littéraire perpétuel, après avoir montré que la *production* littéraire ne permet de conclure en faveur de l'homme de lettres qu'à une équivalence, c'est-à-dire, à un prix ou salaire une fois payé de son œuvre, arrivant au domaine de propriété, voici comment je raisonne.

Indépendamment de ce que le travail de l'écrivain ne peut donner lieu pour celui-ci qu'à une rémunération par voie d'échange, nullement à une appropriation impliquant une redevance perpétuelle, j'observe que l'institution de la propriété foncière, dont on invoque ici l'analogie, n'a pas eu pour motif la rémunération du cultivateur, déjà remboursé de ses travaux par la récolte; elle tient à d'autres considérations.

Les vieux légistes disaient rondement que la propriété avait son principe dans le droit de premier occupant, et rejetaient toute autre hypothèse. D'autres sont venus ensuite, tels que Montesquieu et Bossuet, qui soutinrent que la propriété tirait son existence de la loi, et rejetèrent en conséquence l'ancienne théorie. De nos jours, l'opinion de Bossuet et de Montesquieu a paru à son tour insuffisante, et il s'est formé deux doctrines, l'une qui rapporte le droit de propriété au travail, c'est la doctrine soutenue par M. Thiers dans son livre de la *Propriété;* l'autre qui, remontant plus haut, jugeant même l'idée de M. Thiers compromettante, s'imagine avoir saisi la vraie raison de la propriété dans la personnalité humaine, et la regarde comme une manifestation du moi, un prolongement de la liberté. C'est l'opinion qu'ont adoptée MM. Cousin et F. Passy. Je n'ai pas besoin d'ajouter que cette opinion a paru, soit aux partisans de Bossuet et de Montesquieu, soit à ceux de M. Thiers, aussi vaine que prétentieuse. On demande, en effet, comment, si c'est la volonté, la liberté, la personnalité, le moi, qui font la propriété, tout le monde n'est pas propriétaire?...

La question en était là lorsque je l'ai à mon tour abordée. Faisant l'ana-

Que le lecteur me pardonne ma véhémence, et qu'il me dise, la main sur la conscience, si, bien loin d'éprouver aucune inquiétude à l'endroit de la propriété, il ne se sent pas plutôt éclairé, rassuré par mon argumentation. Cer-

lyse et la ventilation de toutes ces théories, j'ai démontré qu'elles étaient toutes également fausses; j'ai fait voir que le fait d'occupation, par exemple, n'est pas un principe, une raison, et ne crée pas par lui-même un droit; — que l'autorité du législateur était fort respectable, et qu'il ne pouvait être question de désobéir à la loi, mais qu'il s'agissait ici de justifier la loi elle-même et d'en donner les considérants; — que le travail est chose sacrée, mais que le droit auquel il donne lieu ne va pas au delà d'une simple rémunération, d'après la formule économique, service pour service, produit pour produit, valeur pour valeur, et qu'il n'a point qualité pour conférer le titre de propriétaire du fonds; — que le moi humain à son tour était bien, comme la terre, l'étoffe dont est faite la propriété, laquelle suppose évidemment deux termes, une chose appropriée et un sujet qui se l'approprie, mais qu'il s'agissait toujours de donner les raisons justificatives et les conditions de l'appropriation, faute de quoi la propriété retombe dans l'usurpation pure et simple.

Cette critique terminée, il s'agissait de conclure. Examinant donc plus à fond, à ce qu'il m'a semblé, la nature de la propriété, je n'y ai trouvé, à l'exemple des anciens légistes, qu'un acte de souveraineté, disons le mot, un fait de conquête, reconnu plus tard, bénévolement, par le législatenr. Puis, recherchant la moralité de cet acte, je me suis rangé à l'opinion de l'Évangile, qui a vu dans la propriété une manifestation de ce que la théologie nomme *concupiscence*, et qui n'est autre que le principe passionnel du péché. On ne sait plus aujourd'hui que le christianisme n'a été, au point de vue de l'économie politique, qu'une réaction contre la propriété, que cette réaction a duré jusqu'en 1789, et que ses effets sont loin encore d'être effacés.

Je suis donc avec l'Église primitive et communautaire contre la propriété? demandez-vous. En aucune façon. Il ne me suffit pas d'avoir reconnu le principe, plus ou moins égoïste et antisocial, de la propriété, pour que je me prononce contre l'institution; il y a là pour moi, tout simplement, matière à nouvelle recherche. Le problème a changé de face en s'agrandissant. Au lieu de conclure, comme l'a fait l'Église dans sa théologie morale, comme l'ont fait tous les instituteurs d'ordres religieux et toutes les sectes communistes, à la suppression de la propriété, j'ai protesté, ce que les dialecticiens du jour ont traité de contradiction et d'inconséquence, je proteste encore contre tout communisme, tout gouvernementalisme, tout féodalisme; j'ai maintenu avec force les principes de liberté industrielle, de concurrence, de famille, d'hérédité, et je répète en ce moment, avec un redoublement d'énergie, de la même voix et de la même plume que je combats le monopole, que la propriété, contradictoire dans son idée, est un problème qui nous reste à résoudre, non une institution qu'il nous faille tainement, répliqué-je à M. Frédéric Passy, l'homme, en vertu de sa personnalité, tend à l'appropriation, au domaine. Mais ce n'est qu'une *tendance;* et il s'agit de savoir, d'abord, si cette tendance dérive d'un principe de justice, comme le souhaite ardemment la conscience de tout propriétaire, ou d'un principe vicieux en soi, comme le prétend l'Évangile; en second lieu, quelles en seront les conditions, les limites, la règle et la fin; si c'est à l'usage et à l'usufruit qu'elle doit s'arrêter, ou bien à la possession, à une emphytéose, ou bien enfin à la propriété? Car qui dit propriété, dit souveraineté. Cette souveraineté de

supprimer. Autant il y a d'illogisme dans les prétendues explications de la propriété, autant il y aurait de folie à vouloir aujourd'hui abolir ce que nous n'avons pas même compris.

Revenant maintenant à l'hypothèse d'une propriété intellectuelle, je dis, d'une part, que l'exemple de la propriété terrienne ne peut être invoqué comme un précédent, puisque son institution tient à des considérations encore peu connues, que j'espère expliquer en temps et lieu; je soutiens d'un autre côté, ce que je démontrerai dans la seconde partie de cet écrit, que, quels que soient les motifs qui ont amené l'institution de la propriété foncière, ils ne peuvent servir de prétexte à l'établissement d'une propriété intellectuelle, attendu que le domaine de l'esprit, par nature, répugne à l'appropriation.

Tel est le fond de ma pensée, pensée éminemment conservatrice et faite pour m'attirer bien des sympathies, après le scandale que des déclamateurs ineptes ont fait de ma critique et de mes formules. Mais il y a des gens, il y en a dans le parti rouge comme dans le parti blanc, il y en a dans la bohême comme dans l Église, pour qui toute discussion est sacrilége. La propriété, entre autres, est un de ces fétiches, placés hors des atteintes du libre examen, et auxquels il n'est pas permis d'appliquer le doute méthodique de Descartes. Parler de la propriété et de ses origines, pour ces gens-là, c'est se promener la torche à la main dans un magasin à poudre; que dis-je? c'est détourner le public de leurs *tartines* charlatanesques, et l'avertir de tenir ses mains dans ses poches. Que de gredins, enrichis par l'agiotage, par le chantage, par le pot de vin, par la réclame, s'imaginent voir arriver le commissaire de police, quand ils entendent discuter la propriété! Je n'ai pas encore rencontré un propriétaire honnête homme qui eût de ces terreurs. Mais que ces zélateurs véreux se rasurent : mes critiques ne sont pas des dénonciations. Leur droit à eux relève du code pénal, non des discussions de la science. Possible qu'ils aient à s'expliquer un jour devant la police correctionnelle; certes, ils n'ont rien à démêler avec le droit de propriété.

l'individu, en face de l'être collectif, est-elle fondée en droit, est-elle sociale? Tous ne peuvent être en même temps propriétaires : quels seront les élus? Quelle compensation, quelle garantie sera donnée aux autres?... Remarquez que les considérations tirées de l'économie politique ne servent ici de rien : on ne peut invoquer ni l'intérêt de la production, ni celui de l'agriculture, puisque en tous pays la production agricole se fait le plus souvent par des fermiers, des métayers, non par des propriétaires. [Dans quel but enfin, pour quelle raison supérieure, jusqu'à présent demeurée secrète, cet établissement surérogatoire, excentrique, fécond en inégalités choquantes, en abus monstrueux, qui, faute d'une philosophie suffisante et d'une application mieux entendue, amena la chute de l'empire romain; dont on n'aperçoit pas nettement le besoin dans les relations économiques, et que semble repousser le droit commun?] (1) Voilà ce qu'avait à nous dire M. Frédéric Passy, et à quoi il a répondu par le plus *plat* de tous les sophismes, — c'est une épithète que je lui renvoie, — celui qui consiste à répondre à la question par la question.

Ainsi ces gens qui postulent pour la création d'une propriété littéraire, à l'instar de la propriété terrienne; qui

(1) Passage déclaré inadmissible par l'imprimeur parisien. Venant d'une autre plume que la mienne, il eût passé inaperçu ; de la part du sophiste qui a écrit *La propriété c'est le vol,* ce ne peut être moins qu'une machine infernale. Je ne répéterai pas ici ce que j'ai développé dans la note précédente; je ferai seulement observer à ceux de mes lecteurs qui trouveraient mes paroles un peu dures, qu'elles traduisent à peine la réalité. De toutes les institutions humaines, celle qui a produit les abus les plus effroyables, après le gouvernement, c'est la propriété. L'excès des propriétés a tué l'Italie, disent les écrivains latins; *Latifundia perdidêre Italiam.* Quand l'us est encore une énigme, allons nous adorer l'abus? Cette pusillanimité est la peste des états.

écrivent fastueusement, en tête de leurs brochures, faites à quatre : *Nous sommes des économistes*, nous sommes des jurisconsultes, nous sommes des philosophes, sous-entendant par là que leurs adversaires ne sont que des sophistes ; ces cuistres de l'école, dont la nullité fait honte à leur auditoire, ne savent pas même ce que c'est que la propriété foncière, dont ils nous proposent aujourd'hui de faire une contrefaçon ; ils n'en connaissent pas la fonction sociale ; ils sont incapables d'en déduire les motifs et les causes Autant d'opinions parmi eux que de têtes : leur illogisme dépasse leur outrecuidance ; et si quelque critique s'avise de montrer le néant de leurs doctrines, toute leur réponse consiste à crier au blasphème. Détestable coterie, aussi impure qu'elle est ignare, que la postérité accusera du gâchis contemporain et du crétinisme de la France.

Je le répète, ce n'est pas ici le lieu de chercher par quelles considérations d'ordre civil, politique ou économique, la civilisation a été conduite à cette fière institution de la propriété, qu'aucune philosophie n'a pu encore expliquer, et que rien ne saurait détruire. Cette investigation est inutile à la question qui nous occupe. Je crois, en vertu de l'axiome *pro nihilo nihil*, que la propriété ne s'est pas établie pour rien, et qu'elle a sa raison d'être dans la société et dans l'histoire. Que les partisans de la propriété littéraire, furieux de n'avoir su en démontrer la légitimité, s'en prennent maintenant à la propriété foncière ; qu'ils l'attaquent, s'ils l'osent : peut-être me chargerai-je à mon tour de la défendre, et montrerai-je une fois de plus à des imbéciles ce que c'est qu'un *sophiste*. Pour le moment, il me suffit de prendre acte de l'existence de la propriété ; de déclarer que je ne veux lui porter aucune atteinte, que j'entends au contraire, dans cette discussion, m'en prévaloir, me contentant de soutenir que l'existence d'une propriété foncière ne saurait légitimer en aucune façon la création d'une propriété intellectuelle, et que ni le domaine public, ni la liberté de l'individu, ni le soin de la prospérité publique, ni le droit des producteurs, ne requièrent une semblable garantie.

Autre chose, il n'y a point de danger à le redire, est le droit du cultivateur aux fruits obtenus par son travail, et autre chose la propriété du sol, que la société a pu lui octroyer par surcroît. La possession du produit est de plein droit, la propriété du fonds est un don gratuit. Je ne blâme point la société d'avoir usé de cette munificence; m'est avis qu'elle a été dirigée par des prévisions dont la hauteur nous échappe [et que si la propriété est demeurée vicieuse, si son iniquité originelle ne s'est pas, depuis l'époque romaine, sensiblement réduite, si elle a perdu de son influence et de son prestige, la faute en pourrait bien être à notre ignorance] (1). J'accepte, sous bénéfice d'inventaire et comme fait établi, l'institution de propriété, me réservant d'en rechercher une autre fois les raisons. S'ensuit-il que dores et déjà nous devions solliciter de la puissance publique, si peu éclairée encore, une constitution qui ferait le domaine intellectuel et moral à l'image du domaine terrien? Non, mille fois non : les tempéra-

(1) Passage rejeté par la censure de l'imprimeur parisien. Pourquoi? c'est ce qu'il m'est impossible de deviner. Quoi! j'accuse l'ignorance générale, les fausses doctrines de l'école, la dépression de l'esprit philosophique, l'excitation agioteuse, et tous les vices du temps, d'avoir fait perdre à la propriété de son influence et de son prestige, et l'on me dit que cela même constitue, dans la manière de voir des tribunaux de l'empire, une attaque à la propriété! Mais que dirait donc de mieux un défenseur de cette malheureuse propriété?

ments ne sont pas les mêmes, la loi qui régit l'esprit n'est point celle qui régit la matière. Autant vaudrait mettre les oiseaux de paradis au régime des hyènes et des chacals.

Au surplus, les partisans de la propriété littéraire eux-mêmes ne l'entendent pas ainsi. Après avoir épuisé tous les arguments en faveur de cette idole, par une de ces contradictions qui leur sont familières ils finissent par repousser la seule condition grâce à laquelle leur chimère pourrait devenir une réalité.

Rappelons-nous qu'il s'agit ici, non pas seulement d'assurer à l'homme de lettres la juste rémunération de son produit, mais de créer en sa faveur, à propos de ce produit, une propriété analogue à celle accordée au colon, en surérogation de sa récolte. C'est donc le fonds commun de production lui-même qu'il s'agirait d'approprier. Prenons un exemple.

Voici Virgile, qui, dans un poëme auquel il consacra onze années de labeur, a chanté les origines et antiquités du peuple romain. Son *Énéide* est en son genre, et malgré ses imperfections, un chef-d'œuvre comme on n'en compte pas quatre dans l'histoire du genre humain. Certes, le travail du grand poëte vaut celui du colon, à qui le souverain fait gracieusement don du sol qu'il a défriché. Virgile a labouré le champ des traditions latines ; il a fait naître des fleurs et des fruits sur ce sol où il n'y avait auparavant que des ronces et des orties. Auguste l'a récompensé de sa peine, en le comblant de ses libéralités. Mais en cela Auguste n'a fait que payer à l'ouvrier son produit : reste à créer la propriété. Donc, Virgile mort, l'*Énéide* sauvée des flammes, à ses héritiers ou ayants cause le droit d'exploiter exclusivement ce domaine traditionnel, de chanter

Évandre, Turnus, Lavinie, de célébrer les héros et les gloires de Rome. Défense à tout contrefacteur et plagiaire de dire les amours de Didon, de mettre en vers latins la doctrine platonique, la religion de Numa, de reproduire les mêmes fictions. Lucain ne publiera pas la *Pharsale* : ce serait un empiétement sur le domaine virgilien, d'autant plus condamnable que Lucain, ennemi de l'empereur, parle de Pompée, de Caton, de César, comme il ne convient pas à un bon sujet d'en parler. Dante lui-même devra s'abstenir : qu'il mette en chansons la théologie chrétienne et damne à tous les diables les guelfes ses ennemis, on le lui permet. Mais sa descente aux enfers, même en compagnie de Virgile, est un vol.

Voilà comment la propriété intellectuelle pourrait se constituer, d'après les analogies tirées de la propriété foncière et les tendances du système féodal. Sous la féodalité, tout était constitué ou tendait à se constituer en privilége : l'Église avait seule le droit de définir ce qui était de foi, d'enseigner la religion ; le prêtre seul pouvait célébrer le service divin ; l'Université seule pouvait professer la théologie, la philosophie, le droit, la médecine : elle avait le privilége des quatre facultés, elle l'a encore. Le métier des armes était réservé à la noblesse ; la magistrature était devenue peu à peu héréditaire ; il était interdit aux corporations de métier d'empiéter les unes sur les autres et d'enfreindre la loi de spécialité. Quand Louis XIV faisait de Racine et de Boileau ses historiographes, peut-être ne songeait-il point à leur réserver, à eux et à leurs hoirs, le privilége de narrer ses hauts faits ; mais il l'aurait pu faire d'après les principes du temps, qui sont ceux de M. de Lamartine. N'est-il pas vrai que s'il plaisait à un jeune poëte de publier un volume de vers sous le titre de *Méditations poétiques*, M. de Lamartine le regarderait, dans son for intérieur, comme un voleur d'enseigne, pis que cela, comme un vil contrefacteur? MM. Frédéric Passy, Victor Modeste, P. Paillottet, écrivent dans leur préface ces mots significatifs : *Nous sommes des économistes*. N'est-ce pas comme s'ils criaient au public : Prenez garde, ceux qui attaquent la propriété littéraire sont incompétents; ils ne sont pas économistes, brevetés par l'Académie, édités par Guillaumin; ils n'ont pas le droit de parler?

Eh bien, ces fameux économistes, ils reculent devant la conséquence de leur principe, si bien que l'on ne sait plus, qu'ils ne savent pas eux-mêmes ce qu'ils veulent.

« Les idées, dit M. Laboulaye père, sont de ces choses communes qu'il est aussi impossible de s'approprier que l'eau de l'Océan ou l'air du ciel. Je me sers des idées qui sont en circulation, mais je n'en fais pas ma proprieté. L'homme qui tire du sel de la mer, celui qui emploie l'air à faire tourner son moulin, ont su se créer une richesse particulière : cela empêche-t-il personne d'user de ces réservoirs inépuisables, et, parce que l'air appartient à tout le monde, chacun a-t-il le droit de s'emparer de mon moulin? »

Cette dernière phrase est un saut de carpe. Le moulin est une propriété immobilière, par suite de l'appropriation du fonds sur lequel il est établi; sans cela ce serait purement et simplement un outil, une portion de capital. L'exemple cité par le jurisconsulte-économiste M. Laboulaye ne prouve donc rien en faveur de la propriété intellectuelle; il prouve contre. Le même écrivain ajoute :

« Il en est de même pour un livre, avec cette différence que l'œuvre littéraire n'appauvrit pas le fonds commun, mais qu'elle l'enrichit. Bossuet écrit une *Histoire universelle;* Montesquieu publie l'*Esprit des Lois;* cela empêche-t-il quelqu'un de faire une autre Histoire universelle, d'imaginer un nouvel Esprit des Lois? Qu'y a-t-il de moins dans la circulation des idées?... Racine a publié *Phèdre:* cela n'a pas empêché Pradon de traiter le même sujet, et personne n'a crié à la contrefaçon. Faites une Histoire de Napoléon, et profitez des recherches de M. Thiers; mais ne réimprimez pas le texte de son livre, car ce serait un délit matériel aussi visible que le vol des fruits qui poussent dans mon champ. »

Il faudrait, quand on cite un économiste, en annoter toutes les phrases, tant il y règne de confusion et d'équivoque. Le *livre* ne peut se comparer au *moulin*, parce que le premier est un produit, capable tout au plus, après avoir été transporté de la boutique du libraire dans la bibliothèque du savant, d'être considéré comme portion de capital; tandis que le moulin, établi sur le sol, fait partie d'une propriété, dont la reconnaissance par le législateur tient à une cause inconnue. — L'œuvre littéraire enrichit le domaine commun, cela est vrai; mais ce n'est pas *à la différence* des autres produits, c'est comme tous les autres produits. — Celui qui vole le texte d'un auteur est coupable sans nul doute; mais ce n'est pas du même délit que celui qui vole les fruits qui ont poussé dans le champ d'un propriétaire : attendu que le texte de l'auteur est le produit de son travail, tandis que les fruits qui poussent spontanément dans un champ sont un bénéfice acquis par accession au propriétaire. Je néglige ces misères, pour ne m'arrêter qu'à l'idée principale.

Ainsi, selon M. Laboulaye, le domaine intellectuel, à la différence du domaine terrien, est inappropriable. Qu'un homme fasse tourner un moulin par l'air, l'eau ou la vapeur, son moulin sera à lui; quant à l'idée même d'appliquer à une paire de meules, en place des bras de l'homme, l'air, l'eau ou la vapeur, comme force motrice, cette idée, en elle-même, ne peut être convertie en propriété. Il est vrai que dans ce cas il pourrait y avoir matière à brevet d'invention : mais alors nous retomberions dans la condition générale du producteur intellectuel, que l'on rémunère de son travail, de sa découverte, par un privilége de publication ou d'exploitation temporaire. Sous cette réserve, le raisonnement de M. Laboulaye demeure inattaquable : l'invention reconnue peut donner lieu à un droit de *priorité;* elle ne peut servir à motiver une constitution de PROPRIÉTÉ.

MM. les économistes, jurisconsultes et philosophes voudraient-ils nous dire alors quel est l'objet de leur revendication et de quoi ils se plaignent? Car vraiment on ne les comprend pas, et leur demande est encore à formuler. A les entendre, il n'y a pas de plus énergiques adversaires du monopole : qu'ils restent donc fidèles à leurs maximes, et qu'ils cessent de troubler le monde de leurs sottes déclamations.

Certes, la terre a été partagée et appropriée; et bien que la théorie de la propriété reste à faire, bien que le problème soit encore à résoudre, la propriété foncière n'en est pas moins un fait immense, qui a pris sa place dans la politique des nations et dans les relations des individus, fait que la raison est portée à regarder comme établi dans des vues supérieures, et pour une fin grandiose, alors même que cette vue et cette fin nous échappent encore.

Faut-il à cette heure, où nous ne faisons que débuter dans la science de l'organisation sociale, porter une main téméraire sur cet organisme dont le secret nous est inconnu, brouiller toutes les notions, mêler le ciel et la terre, et, pour la satisfaction de quelques pédants, mettre le monde sens dessus dessous? De quoi se plaignent les gens de lettres? Leur condition est-elle plus malheureuse que celle des autres producteurs? La propriété foncière les rend jaloux : qu'ils en accusent la nature des choses, qui seule est ici responsable, et qu'il serait à propos de comprendre avant de la condamner. Ou plutôt qu'ils jouissent, avec tout le monde, et en attendant de plus grandes clartés, du progrès acquis. Depuis que le régime féodal a été abrogé parmi nous, la terre, bien qu'elle ne puisse être actuellement la propriété de tout le monde, est accessible à chacun. Le domestique, l'ouvrier, le métayer, la marchande de salade, qui va par monts et par vaux cueillir pissenlits et mâches, peuvent, en économisant sur leurs maigres salaires, former une épargne, un capital, convertir leur argent en beaux et bons immeubles, et dire à leur tour : Moi aussi je suis propriétaire! Qui empêche l'homme de lettres d'en faire autant? La mutation est incessante dans la propriété. Mais qu'on ne nous parle plus de transformer la rémunération due à l'écrivain en une usure perpétuelle : ce serait la confusion de tous les principes et la subversion de l'ordre social.

### § 10. — Résumé de la discussion : Que le gouvernement n'a ni le droit ni le pouvoir de créer une propriété littéraire.

Parmi ceux qui ont fait une légère opposition à la loi projetée, quelques-uns, entraînés par cette fausse analogie de la propriété foncière, ont accordé que le gouvernement avait le pouvoir de créer une propriété littéraire, comme il a créé une propriété minérale et d'autres espèces de propriétés. Concession irréfléchie, et qui témoigne du chaos où s'agitent les esprits.

Certes, le gouvernement peut ce qu'il veut, si l'on entend par pouvoir la faculté d'agir quand même, abstraction faite des lois de la nature et de la société. Quand il plaît à un gouvernement de dire : *Je veux*, qui l'empêchera, surtout si l'opinion l'appuie?

C'est autre chose si l'on entend que le gouvernement peut ce qu'il veut, mais dans la limite des lois naturelles et économiques et des règles du droit.

Ainsi le gouvernement ne peut pas faire que ce qui est simplement *produit*, par nature et destination, soit considéré comme FONDS ou propriété.

Il ne peut pas faire qu'un contrat d'échange devienne un bail à rente perpétuelle, bien que le service ou la marchandise échangée puisse être rémunérée, payée, soit par un gage à l'année, soit par une série d'annuités.

Il ne peut faire que le *prix* d'un produit soit assimilé à un fermage.

Il ne peut pas, sans violer la loi des relations humaines et sans confondre toutes les notions, faire qu'un écrivain qui jette ses pensées dans la circulation soit considéré, non plus comme un simple producteur-échangiste, mais comme un commanditaire irremboursable, à qui, pour ce fait, serait due une redevance héréditaire et jusqu'à la fin des siècles. Le gouvernement n'a pas plus la faculté de faire aucune de ces choses, qu'il ne pourrait partager l'atmosphère, bâtir sur l'Océan, produire sans travail, et donner des rentes à tout le monde. S'il l'essayait, ce serait à son détriment; le ridicule et la ruine le ramèneraient bientôt à la vérité.

La société a pu, par des considérations élevées que la science n'a pas encore suffisamment éclaircies, mais qui ne sont pas contredites, partager le sol et instituer une propriété foncière; [elle l'a pu, dis-je, bien que cette appropriation, de l'aveu de tous les légistes, dépasse le droit du cultivateur aux fruits qu'il fait naître, bien que l'économie politique ne requière point une semblable concession] (1), bien que la propriété n'existe pas chez des nations nombreuses, où elle est suppléée par un simple droit de possession. Or, pour qu'il y eût une propriété intellectuelle, il faudrait que le gouvernement pût concéder à l'écrivain, à titre de domaine, le privilége des idées générales et des sujets d'études qui sont le fonds commun des intelligences. Mais c'est justement ce qui lui est impossible, ce qui répugne au sens commun, et ce que d'ailleurs personne ne réclame. Comment donc, obligé de renoncer à l'analogie, décorerait-il du nom de propriété un simple privilége de reproduction et de vente, et cela, dans le but unique de créer à ses héritiers une sinécure.

Boileau a dit, dans son épître sur la noblesse :

> Mais la postérité d'Alfane et de Bayard,
> Quand ce n'est qu'une rosse, est vendue au hasard.

Le gouvernement peut-il faire que les fils des hommes de génie soient des génies comme leurs pères? Non. Qu'il laisse donc la postérité du génie à elle-même : les pères ont été payés, il n'est rien dû aux héritiers.

(1) Passage dont l'imprimeur de Paris a réclamé la suppression et que je maintiens, par les raisons déduites plus haut, page 58, note.

# DEUXIÈME PARTIE.

## CONSIDÉRATIONS MORALES ET ESTHÉTIQUES.

### § 1. — De la distinction des choses vénales et des choses non vénales.

Si nos modernes jurisconsultes et économistes ont perdu jusqu'au sens critique, que requièrent par-dessus tout leurs études et qui distinguait à un si haut degré leurs devanciers, c'est bien pis des gens de lettres, qui ne comprennent plus ce qui fait l'excellence de leur profession et leur propre dignité. J'en étonnerai plus d'un, en démontrant tout à l'heure cette proposition étourdissante que, parmi les choses qui entrent dans le commerce de l'humanité, qui font l'objet de notre activité incessante et auxquelles nous attribuons une valeur, il en est qui, par nature et destination, sont vénales; d'autres qui, par nature et destination également ne le sont pas, et qu'au nombre de ces dernières il faut compter nos productions les plus précieuses, celles de l'art et de la littérature.

Ceci est encore un *sophisme* à moi. M. de Lamatine, qui paraît n'estimer les choses, divines et humaines, qu'autant qu'elles peuvent se convertir en monnaie; qui, à cette fin, organise souscription sur souscription à ses vers et à sa prose; qui, pour plus de sûreté, demande que l'on convertisse le monopole temporaire des auteurs en une rente perpétuelle, n'aura garde de se ranger à mon opinion. Quant aux économistes-jurisconsultes, que nous avons vus précédemment, tout en réclamant l'institution d'une propriété littéraire, reconnaître cependant, par la voix de M. Laboulaye, que le domaine intellectuel est inappropriable, je suppose qu'ils ne seront pas fâchés de savoir à peu près pourquoi.

Jusqu'à présent, nous n'avons considéré l'écrivain que comme un producteur d'*utilité* : à ce titre, nous avons conclu pour lui à la légitimité d'une rémunération. Mais il y a autre chose encore dans l'écrivain qu'un producteur d'utilité. Le but qu'il poursuit n'est pas simplement un but utilitaire; c'est surtout un but d'éducation morale, idéale. L'idéal, tant dans la sphère de la conscience que dans celle de la vie, voilà ce qui constitue la dominante du producteur littéraire, à l'inverse de l'industriel, dont la dominante est l'utilité. A ce point de vue, je dis que l'œuvre de littérature et d'art cesse d'être rémunérable, qu'elle perd son caractère de vénalité, et que telle est la principale cause qui interdit toute appropriation dans le domaine intellectuel. Je soutiens, en conséquence, que la création d'une propriété artistique et littéraire, fût-elle possible, serait la corruption de tout art et de toute littérature; qu'une littérature animée d'un tel esprit serait en contradiction avec elle-même, à rebours du progrès, en opposition à la destinée sociale, en un mot une littérature d'immoralité.

Est-ce entendu? Le paradoxe est-il assez éclatant?... Pauvres avortons révolutionnaires que nous sommes! Il n'y a pas quatre-vingts ans, tout cela eût paru de pur sens commun, une banalité. Aujourd'hui, il nous faut une démonstration en règle.

Les choses qui, par leur excellence, sortent du cercle utilitaire sont de plusieurs catégories : la religion, la justice, la science, la philosophie, les arts et les lettres, le gouvernement. Un mot seulement de chacune.

### § 2. — De la religion.

Existe-t-il un livre qui se soit débité à un plus grand nombre d'exemplaires que l'Évangile, et dont l'auteur soit demeuré plus pauvre que Jésus-Christ? Voilà bien le comble du génie et de la vertu, joint au comble de l'indigence. Eh bien, je le demande au plus grossier des mortels : est-ce que l'Évangile pouvait être un article de commerce?

Pourtant, il faut que celui qui annonce l'Évangile vive. Tout d'abord la question se présenta aux apôtres : *Maître, que mangerons-nous?* disaient-ils au réformateur de Nazareth. D'après la théorie de MM. de Lamartine, Laboulaye, J. Simon, F. Passy et *tutti quanti*, l'Évangile étant la propriété de Jésus-Christ, l'Église son héritière, les apôtres et leurs successeurs auraient eu le privilége, à perpétuité, de la vente des sermons sur la montagne, des paraboles, en un mot, de tous les dits et gestes du Christ ; et tout chrétien, pour lire le Nouveau Testament, aurait dû, jusqu'à la fin des siècles, payer une prime.

Jésus ne l'entend pas ainsi. Il sait, et en cela il est plus profond économiste que les disciples de Malthus, que l'argent et la religion sont valeurs incommensurables, et il répond à ses disciples : *Vous mangerez ce que vous trouverez.* Ce que vous avez reçu en grâce, donnez-le gratuitement : *Gratum accepistis, gratis date.* Plus positif, plus fier encore, et déjà moins confiant en l'hospitalité des néophytes, Paul prend un parti énergique : donnant ses *Épîtres* et sa prédication pour rien, il gagne son pain en fabriquant des tentes. C'est le plus beau trait de sa vie.

Voilà comment fut résolu, au premier siècle de notre ère, le problème de la rémunération des auteurs. Mon Évangile n'est pas chose vénale : telle est la réponse de Jésus-Christ. Et quiconque a le sentiment religieux, abstraction faite de tout dogme et de toute révélation, le comprend comme lui. Vendre l'Évangile, comme l'idée en vint à un économiste de l'époque, Simon le Mage, ce serait un crime contre Dieu, la dernière des indignités. C'est justement le crime que l'Église flétrit du nom de celui qui le premier affirma la propriété spirituelle, la *simonie.* Plus tard, il est vrai, l'Église tomba dans le relâchement. Pendant des siècles, les évêques furent seigneurs terriens, les abbés eurent des serfs, le sacerdoce vécut de bénéfices, les couvents regorgèrent de donations extorquées. Mais le principe est resté : l'Église ne veut pas que ses ministres mendient ; elle n'en déteste pas moins les simoniaques.

Et tous les fondateurs et réformateurs de religions, Bouddha, Confucius, Socrate, firent comme Jésus-Christ, prêchant le royaume de Dieu sur les toits, donnant leur pensée gratis, mangeant ce qu'ils trouvaient, et scellant, à l'occasion, leur doctrine de leur sang. On a accusé Mahomet de fourberie ; il n'était pas insensible à la gloriole d'écrivain. On n'a jamais dit qu'il eût tiré une obole de la vente de l'Alcoran.

### § 3. — De la justice.

De même que le culte a donné naissance à un corps de ministres, qui est le sacerdoce, la Justice a produit à son tour une spécialité de fonctionnaires, qui est la magistrature. Les uns comme les autres vivent des appointements, ou pour mieux dire de l'indemnité qui leur est offerte : il ne serait vraiment pas exact de dire qu'ils sont payés. Le payement serait presque synonyme de prévarication. Le plaideur qui, après le gain de son procès, adresserait seulement une parole de remercîment à son juge, lui ferait insulte : en pareille matière, tout présent, offert ou reçu, toute sollicitation est un délit. Si le juge Goezmann était coupable, Beaumarchais ne le fut pas moins. Et cependant, quel travail chez le magistrat digne de ce nom pour démêler le mensonge, pour écarter la chicane! Que de savoir, que de patience, que de bon vouloir il lui faut! Les littérateurs se moquent du style judiciaire : tout jugement, bien motivé, brièvement rendu, est un chef-d'œuvre, non-seulement de raison, mais de diction. S'avisa-t-on jamais de mettre en vente les arrêts des tribunaux au profit de ceux qui les avaient rédigés? Le recueil de Dalloz produit des bénéfices au collecteur, mais rien aux magistrats qui en ont fourni la matière. Nul service n'est plus rude : bien plus que le laboureur aux champs, le juge, quand il réussit à vaincre le sommeil, sue sang et eau sur son tribunal. Parlez-lui de profits; essayez de lui dire, comme je ne sais plus quelle *commission mixte* formée à Paris pour la propriété littéraire, qu'il ne doit aux justiciables que sa parole, mais que la reproduction de ses sentences, si laborieusement motivées, si fortes de logique, de précision, de science juridique, si remarquables de style, appartient à lui seul : vous verrez de quels regards votre proposition sera accueillie. Sous l'ancienne monarchie, on n'avait pas trouvé de meilleur moyen de faire vivre la magistrature que de lui allouer des *épices* : ce mode injurieux de rétribution a été aboli en 89, à l'applaudissement universel, comme faisant de la justice une chose vénale. Pratiquer la justice est chose pénible, que l'on récompense chez les enfants, à qui l'on décerne des prix de bonne conduite, mais qu'il est indigne de rémunérer chez les hommes. Distribuer la justice, dire le droit, est chose encore plus difficile, et, pour cette raison même, d'autant plus exclusive de l'idée de vente.

### § 4. — De la philosophie et de la science.

Des choses de la religion et de la morale, qui tiennent une si grande place dans la consommation spirituelle des peuples, passons à d'autres.

La loi française sur les brevets d'invention a déclaré expressément que les *principes* philosophiques ou scientifiques, c'est-à-dire la connaissance des lois de la nature et de la société, n'est pas susceptible d'appropriation. La vente de la vérité, comme celle de la justice, est chose qui répugne, dit le législateur. Se figure-t-on les Romains, qui du temps de la république envoyèrent une députation à Athènes pour en copier les lois, payant aux Athéniens un tribut pour cette importation? Sieyès, qui vendit sa constitution à Bonaparte, après avoir débuté dans la gloire a fini dans le mépris. Il en est du philosophe comme du législateur, comme du magistrat, comme du prêtre : sa vraie récompense est dans la vérité qu'il annonce.

Le spéculateur inconnu qui inventa les chiffres appelés *arabes;* Viette, qui créa l'algèbre; Descartes, qui appliqua l'algèbre à la géométrie; Leibnitz, auteur du calcul différenciel; Napier, qui découvrit les logarithmes; Papin, qui reconnut la puissance élastique de la vapeur et la possibilité de l'utiliser comme force mécanique; Volta, qui construisit la fameuse pile; Arago, qui dans l'électro-magnétisme signala la télégraphie électrique quinze ou vingt ans avant qu'elle existât : aucun de ces hommes, dont les découvertes dominent la science et l'industrie, n'eût pu être breveté. Pour ces intelligences de premier ordre, le désintéressement le plus absolu est de commande. La loi, qui a fait cette étrange répartition entre le savant, inventeur du principe, à qui elle n'accorde rien, et l'industriel, applicateur du principe, qu'elle privilégie, serait-elle injuste par hasard? Non : c'est notre pratique qui est défectueuse, c'est notre dialectique qui est fausse.

Sans doute, il faut que le savant, le philosophe, aussi bien que le magistrat et le prêtre, vivent : il leur est défendu de spéculer. — Quoi! dites-vous, ils seront déshérités, condamnés à l'indigence, parce que leur lot a été de découvrir L'IDÉE de ce dont le premier venu n'aura besoin pour s'enrichir que de faire, à l'aide d'une commandite, l'application! Chacun d'eux n'a-t-il pas le droit de dire : Mes chiffres, mon algèbre, mon analyse, mes logarithmes, ma pile, aussi bien que Watt ou tel autre, Ma machine?

Non, répond la loi. La vérité en elle-même n'est pas

objet de commerce; elle ne peut faire la matière d'une appropriation. Qu'on cherche le moyen de faire vivre honorablement le penseur, mais en dégageant son existence de toute idée de trafic : je le permets, je le veux. Quant à l'applicateur, son métier est autre; il fait chose aléatoire, où l'excès, bien rare, des bénéfices n'est que la compensation des risques. Qu'on régularise les bénéfices, qu'on diminue les risques, qu'on égalise les chances, et s'il se peut les conditions; ce sera d'une bonne économie, je ne m'y oppose point. Mais conduire la vérité à la foire, c'est immoral, contradictoire. De même que la justice et la religion, la vérité, si elle était vendue, serait, par le fait même de la vente, déshonorée; elle périrait.

Ainsi rien de ce qui est de l'ordre de la science comme de l'ordre de la conscience ne saurait tomber dans la vénalité. L'idée de profit lui est antipathique : il répugne que des choses de cette nature deviennent matière d'appropriation. Le philosophe, magistrat de la vérité, est dans la même condition que le juge. Par cela seul qu'il fait profession d'enseigner la vérité ou ce qu'il considère comme vérité, et de rectifier les préjugés de ses semblables, la vérité l'oblige; il la doit aux hommes; s'il la vend, il la viole. Un homme d'un génie extraordinaire s'est vu, dans notre siècle, faisant commerce de l'*absolu*. Traduit pour ce fait devant la police correctionnelle, il est resté, pour ses contemporains et pour la postérité, flétri du nom de *charlatan*. Déchu pendant sa vie et après sa mort, Hœné Wronski ne compte ni dans la philosophie ni dans la science.

Le caractère *anti-vénal* de l'idée s'étendant à la fonction, il en résulte que le ministère du prêtre, du juge, du philosophe, du savant, est essentiellement gratuit : je veux dire par là qu'ils ne font point métier et marchandise du verbe dont ils sont les hérauts, et que la rémunération qui leur est allouée, de quelque manière qu'ils la recueillent, ne peut pas, en bonne économie, être considérée comme salaire. C'est une subvention respectueuse, une indemnité calculée, non sur la valeur du service rendu ou de la communication faite, service et communication dont l'effet est inappréciable, au-dessus de toute mercenarité, mais sur les besoins physiques de l'humanité. Partout et dans tous les temps les peuples ont voulu sauver l'honorabilité du sacerdoce, de la magistrature et du professorat, en élevant leur personnel au-dessus des tentations de l'avarice et des angoisses de l'indigence. La raison universelle a senti que de telles fonctions ne se payent pas, ne se mesurent pas d'après l'unité de valeur employée dans le commerce, or, argent, boisseau de blé, tête de bétail, ou journée de travail. Ici, la règle utilitaire est abandonnée : tandis que l'industriel fait entrer dans le prix de son produit, avec ses frais de production, la rareté de l'objet et l'intensité du besoin qu'en ont les autres, et travaille ainsi pour le lucre, ceux que nous avons nommés précédemment producteurs intellectuels ne comptent que leur peine et leur temps ; ils se contentent du pain quotidien, de la portion congrue ; ce sont des hommes de sacrifice, à qui l'agiotage est inconnu.

C'est pourquoi je repousse comme une indignité pour la tribune, tant sacrée que profane, et un blasphème contre la science, les paroles de la *Commission mixte* dont je parlais tout à l'heure : « Les professeurs, les prédica- » teurs ne doivent au public que leur *parole ;* à eux seuls

» appartient le droit de la reproduire (en vue de gain) par » l'impression. » Triste sophisme, qui ne pouvait se produire qu'à une époque de vénalité et de décadence. Le professeur, l'orateur, qui vend ses discours après les avoir débités moyennant indemnité, fait une chose peu digne et positivement injuste. *On ne peut tirer d'un sac deux moutures* : je dirais volontiers de cet homme qu'il est plus que simoniaque, il est concussionnaire. Je comprends certaines tolérances ; je puis fermer les yeux sur certains abus : ma conscience se révolte de les voir érigés en principes.

### § 5. — Des lettres et des arts.

A côté du *saint*, du *juste* et du *vrai*, nous avons maintenant à considérer le *beau*. Sommes-nous fondés, au point de vue économique, à réunir ce nouveau terme à la même catégorie que les précédents, et à dire en conséquence que la poésie, la littérature et les arts répugnent à la vénalité ? C'est ce que je vais essayer, non pas précisément de démontrer, puisque ce qui est du goût, comme ce qui est de la conscience, relève d'une faculté autre que l'intelligence, mais de faire sentir par quelques considérations générales.

Remarquons d'abord qu'entre les choses de la religion, de la justice et de la science, et celles de la poésie, de l'éloquence et des arts, il existe une liaison intime, qui assujettit ces dernières, au moins pour une grande part, à la loi des autres. Ce que la FORME est à la *substance*, en métaphysique, les lettres et les arts le sont originellement à la justice. Plus tard la séparation sera faite ; en attendant, leur destinée est solidaire.

Ainsi les sentiments religieux et moraux se traduisent par des poésies, des chants, des temples, des statues, des tableaux, des sculptures, des légendes, des mythes, etc., toutes créations de l'art et un peu de l'industrie, mais dont il ne peut entrer dans l'esprit de personne de faire un objet de commerce. Se figure-t-on le roi David levant un tribut sur les psaumes; l'architecte Hiram percevant un péage à l'entrée du temple; Bossuet tirant une pension de ses Oraisons funèbres, et nos prêtres, le jour de la Fête-Dieu, imposant aux fidèles une taxe pour la procession?

De même pour les créations artistiques de l'ordre civil. Les premières lois furent écrites en vers que les enfants apprenaient par cœur, comme Cicéron le raconte de la loi des Douze-Tables : jamais il n'entra dans l'esprit de personne d'en consacrer la propriété au profit du législateur, ou d'en faire pour le préteur un revenant-bon. Au barde qui avait chanté dans la bataille, on offrait un prix, on ne le mettait pas à prix. Tyrtée demandant aux Lacédémoniens le salaire de ses chants perdrait son prestige; Rouget de l'Isle, réclamant après la bataille de Jemmapes, en vertu du principe d'expropriation pour cause d'utilité publique, une indemnité pour sa *Marseillaise*, ne se concevrait pas davantage. Je vais dire une chose cruelle : Rouget de l'Isle est mort oublié, dans un état voisin de l'indigence. L'hostilité des gouvernements et la longueur des réactions en furent en partie la cause : je serais fâché, je l'avoue, qu'on lui eût accordé une pension. J'aurais voté un buste à Rouget de l'Isle; je lui eusse refusé toute subvention. Une nuit le génie de la Révolution l'avait visité et lui avait dicté, paroles et chant, la *Marseillaise*. Depuis ce jour, Rouget de l'Isle voulut poursuivre sa carrière de chantre, et ne fit pas grand'chose de bon. Preuve que l'idée dont il avait été l'organe était plus collective que personnelle, qu'elle était du nombre des choses non payables. Rouget de l'Isle fut malheureux : ce fut son affaire, tout au plus celle de ses amis. Pour cette veille sublime, qui rendit le poëte immortel, la République ne devait rien... qu'une couronne. En dépit du préjugé contraire, je dirai toujours que le dévouement à la patrie et les monuments qui le traduisent sont hors de trafic; que c'est là tout ce qui distingue l'écrivain et l'artiste de l'industriel, comme le soldat citoyen du mercenaire.

Maintenant il y a un art et une littérature libres, non officiels, je veux dire indépendants de l'Église et de l'État, sans mission religieuse, ni politique, ni pédagogique. Pour cette branche, fort considérable, de la littérature et de l'art, suivrons-nous la règle sévère?

Parlons d'abord du véritable écrivain, du franc artiste, j'entends par là celui pour qui le beau qu'il s'efforce de reproduire dans ses œuvres passe avant les considérations de métier et d'utilité. Je dis que cet homme, dans la plénitude même de son indépendance, ne peut pas renier son caractère pour ainsi dire sacré. C'est toujours le traducteur, le prophète des choses divines, un instituteur public, qui tient, si vous voulez, son mandat de son génie, mais qui n'en travaille pas moins, à sa manière, à l'éducation, disons mieux, à l'exaltation de l'humanité. Nous sommes ainsi ramenés à notre point de départ, qui est la distinction des choses vénales et des choses non vénales, les premières formant la catégorie de l'utile, les autres embrassant tout ce qui est de la conscience, de l'idéal et de la liberté.

Que MM. les artistes et gens de lettres daignent une fois, pour leur propre honneur, le comprendre : la poésie, l'éloquence, la peinture, la statuaire, la musique, sont par nature, comme la justice, la religion et la vérité, comme la beauté, inestimables. Tout sert la poésie et l'art ; aucune limite, aucun type ne sont imposés à leurs créations : elles-mêmes ne servent que la vérité et la justice, qu'elles ne peuvent offenser sans se corrompre. C'est par la raison, le droit et l'art réunis que l'homme s'affranchit : comment cet affranchissement s'opérerait-il, si l'artiste, si l'écrivain était à la merci de la tyrannie des sens ; s'il se faisait le courtisan du vice ; si, à cette fin, il se mettait à prix et ne travaillait, comme le traitant et l'usurier, qu'en vue de la fortune ? L'art qui se fait vénal, de même que la femme qui trafique de ses charmes, ne tardera pas à se dégrader. On a prétendu que l'art était indépendant de la morale : la comparaison que je viens de faire montre en quelle mesure et dans quel sens. Il y a des créatures aussi vicieuses que belles ; d'autres, maltraitées de la nature et d'une âme sans tache. Mais, tandis que le vice détériore incessamment les premières, la vérité illumine et semble embellir les autres ; en sorte que beauté et vertu, laideur et vice, sont identiques au fond et synonymes. Non, il n'est pas vrai que l'art, la religion de l'idéal, puisse se soutenir dans la pratique de l'immoralité. Sur cette pente, il n'est talent qui résiste, génie qui prospère. Insensiblement l'artiste tombe dans la trivialité, de la trivialité dans l'impuissance ; il est perdu.

Concluons sur ce point comme sur les précédents : les formes dont l'écrivain et l'artiste embellissent la pensée religieuse, morale ou philosophique, sont sacrées comme la religion, la morale et la vérité elles-mêmes. De même que la justice oblige le juge et la vérité le philosophe, la beauté oblige le poëte, l'orateur, l'artiste. Ils nous la doivent, cette beauté, puisque leur but, en la manifestant, est de nous rendre plus beaux et meilleurs; puisque leur œuvre est une critique de notre figure et de toute notre personne, de même que la philosophie est une critique de notre raison et la jurisprudence une critique de notre conscience.

Un proverbe arabe dit : « On cueille des chardons pour l'âne ; on n'attrape pas des moucherons pour le rossignol. » Cela semble injuste ; c'est juste. Tout auteur qui, pouvant vivre de son patrimoine, de sa fortune acquise, tire un sou de ses écrits, se rend coupable d'indignité. Et c'est l'humiliation de l'écrivain pauvre de sentir qu'il a besoin, pour remplir sa mission, de traiter avec un éditeur. Le véritable artiste répand la beauté pour la seule joie d'embellir le monde : il ne la place pas sur hypothèques. Le grand orateur, en passionnant son auditoire, s'efforce de l'élever au delà de la sphère des intérêts inférieurs : faites de lui un mercenaire, vous lui coupez les ailes et lui ôtez sa puissance. C'est ainsi que nous en sommes arrivés, en France, à nous amuser des beaux discours ; nous sommes devenus impénétrables à l'éloquence, comme nous sommes inaccessibles à la vertu. Ah ! monsieur de Lamartine, qui avez tant peur qu'on ne prenne vos vers et votre prose, et qui vous gênez si peu pour vous approprier le travail des autres, vous nous faites voir que la propriété littéraire n'est que la mendicité littéraire. Puissiez-vous rentrer à temps en vous-même, et ne pas nous montrer encore qu'elle est une prostitution !

Une poésie vénale, une éloquence vénale, une littérature vénale, un art vénal : est-ce que cela ne dit pas tout, et qu'ai-je besoin d'insister davantage? Si nous ne croyons plus à rien aujourd'hui, c'est que nous sommes tous à vendre, *urbem venalem*, et que nous faisons commerce de notre âme, de notre esprit, de notre liberté, de notre personne, comme des produits de nos champs et de nos manufactures. L'antiquité a conservé le trait de ce citoyen qui, dans un besoin pressant, emprunta sur le corps de son père. Combien parmi nous songeraient à retirer un pareil gage? Nous y joindrions nos enfants et nos femmes.

Pour ce qui concerne le gouvernement, l'administration publique, les services d'utilité générale, je prendrai la liberté de renvoyer le lecteur à ma *Théorie de l'Impôt*.

### § 2. — Pourquoi certains produits et services ne se vendent pas : causes du mercenarisme littéraire.

J'ai montré, par la simple opposition des idées, que les lois qui régissent l'utile sont inapplicables au monde de la conscience, de la philosophie et de l'idéal. Ce sont deux ordres incompatibles, qui ne se peuvent mêler sans se détruire. Le travail, payé d'un remercîment ou d'un *bravo*, serait une servitude à laquelle s'ajouterait la dérision. Inversement, la religion, pratiquée pour le profit, devient hypocrisie et simonie; la justice, prévarication; la philosophie, sophistique; la vérité, mensonge; l'éloquence, charlatanisme; l'art, un moyen de débauche; l'amour, une luxure. Ce n'est pas moi qui dis cela : le sentiment universel le proclame, et tous les législateurs jusqu'à présent ont statué en conséquence.

La distinction des choses vénales et des non-vénales est fondamentale en économie politique aussi bien qu'en esthétique et en morale; et si mes contradicteurs, qui font sonner si haut leur qualité d'économistes, et qui se sont ingéré de résoudre *ex professo* la question des droits d'auteurs, avaient eu une véritable intelligence de la science, de ses principes, de ses limites et de ses divisions, voici la marche qu'ils auraient suivie :

Après avoir rappelé que l'économie politique est la science de la production et de la distribution des richesses, de toute espèce de richesses, matérielles et immatérielles, temporelles et spirituelles, ils auraient défini la *production*, et montré qu'elle ne diffère absolument en rien chez l'artisan et l'homme de lettres, puisqu'il s'agit toujours d'une forme personnelle à donner à des idées impersonnelles, et d'un déplacement de matière, c'est-à-dire d'une production de force.

Cela posé, ils auraient remarqué que, parmi les produits de l'activité humaine, il y en a qui naturellement doivent se payer, et d'autres qui ne sauraient l'être ; les uns dont la vénalité est de droit, et les autres dont la vénalité répugne. Ils auraient fait voir que cette distinction est nécessaire, et que de l'observation de ces lois contraires, la vénalité et la non-vénalité, dépendent la sécurité des transactions, la liberté des personnes, la dignité humaine et l'ordre social tout entier. En effet, auraient-ils dit, ce n'est pas tout d'avoir produit, il faut que les produits se consomment, qu'ils soient assimilés, les uns par les âmes, les autres par les corps. A cette fin, il est indispensable que les produits destinés à la consommation physique, et qui forment plus spécialement la catégorie de l'utile, soient *échangés*, c'est-à-dire payés, valeur pour valeur; que les autres, qui appartiennent aux catégories du beau, du juste et du vrai, soient distribués gratis, sans quoi la distribution du travail et la répartition des objets de consommation non gratuite seraient bientôt entachées de servitude et de fraude. L'homme qui ne croit à rien, qui ne respecte rien, devient vite un malhonnête homme et un voleur. Or, mettons la main sur notre conscience, et nous trouverons qu'en dernière analyse nous n'avons de foi qu'à ce qui nous est donné gratis, nous ne respectons que ce qui ne se paye pas. Et c'est le respect des choses non payables qui seul a la vertu de nous faire acquitter ponctuellement celles qui doivent être payées.

En autres termes, il ne suffit pas d'avoir démontré les lois de l'économie politique, qui sont objectivement celles du *tien* et du *mien*, pour que la société vive et se développe; il faut que ces lois soient religieusement et par tous observées: ce qui ne se peut faire que par une large, continuelle et gratuite diffusion des idées du beau, du juste et du vrai. C'est ainsi que dans l'économie sociale l'égoïsme se concilie avec le bien public. A l'individu ses droits, à la société les siens. Comment les idées du beau, du juste et du vrai agissent-elles sur les âmes, et les inclinent-elles à l'observance des lois de l'utile? Précisément parce qu'elles sont comme des dons de Dieu, placées hors trafic, et qu'elles coulent d'en haut sur l'humanité comme une bénédiction.

Mais, auraient eu soin d'ajouter les économistes, attendu que le magistrat, le savant, l'artiste, en produisant des choses non vénales, sont obligés pour subsister de consommer des utilités vénales, et que beaucoup parmi eux sont sans fortune, il est juste que la communauté les défraye, et fournisse à leurs besoins. Seulement leur rémunération prendra un caractère différent : elle ne sera pas réputée prix ou salaire du service, mais subvention. Le beau, le juste et le vrai n'entrent pas en comparaison avec l'utile ; ce n'est plus ici le produit qui est vendu, acheté ; c'est l'homme qui est indemnisé... A cette fin, la loi accorde à tout auteur un privilége temporaire, en le laissant juge de son propre besoin, et de la nécessité où il peut se trouver de recourir au commerce.

Voilà comment la démonstration aurait dû être conduite, le nœud de la question étant, comme je l'ai dit, la non-vénalité des choses de littérature et d'art, par opposition à celles de l'industrie. —Subsidiairement, et pour le cas où la distinction entre les choses vénales et les non vénales serait rejetée comme excessive et paradoxale, les économistes, se retranchant dans les règles de l'utile, auraient prouvé, ainsi que je l'ai fait dans la première partie de cet écrit, que l'œuvre artistique et littéraire étant un *produit*, et ce produit entrant dans la consommation par la voie de l'échange, il ne saurait y avoir lieu, dans aucun cas, à une constitution de propriété.

Ces principes sont ceux de la justice éternelle ; ils marquent le point précis où l'économie politique touche à la morale et ne fait plus qu'un avec elle ; ils n'ont jamais fait défaut à aucune société, à aucune époque. Ceux qui oseraient les nier ressembleraient à ces patriciens de l'ancienne Rome, qui refusaient le mariage et la religion à la plèbe, la jugeant indigne de ces hautes communications ; ou bien encore à ces propriétaires d'esclaves qui n'estiment pas qu'un nègre vaille la peine d'être baptisé.

[N'avons-nous pas nous-mêmes nos politiques qui protestent contre l'instruction donnée aux masses? N'avons-nous pas nos lois sur la presse?... Certes, il est aisé de voir que si depuis trente ans, depuis que la question de la propriété littéraire a été portée à nos assemblées, les principes que je défends avaient été proclamés par la science, si le public en avait été fortement saisi, la pensée en France n'eût jamais été asservie; l'influence des coteries et des sectes n'aurait pas essayé de fausser l'opinion et de la corrompre] (1).

Comment donc l'idée d'une propriété littéraire s'est-elle emparée des esprits, au point que nous la verrons tout à l'heure érigée en loi de l'État chez la nation la plus policée de l'Europe? Il y a là un phénomène à étudier, qui accuse un égal abaissement du sens esthétique et du sens moral, et qu'il est impossible de passer sous silence.

L'opinion, actuellement fort répandue, d'une propriété intellectuelle, tient à plusieurs causes. Pour les économistes, elle vient surtout de leur entraînement à prouver que les écrivains et les artistes, que le vulgaire est enclin à regarder comme des parasites, sont de vrais producteurs, et qu'à ce titre ils méritent rémunération ou indem-

(1) La censure officieuse a demandé la suppression de ce passage. Pour quelle raison, elle ne l'a pas fait connaître. Sans doute on a cru que par ces mots *nos politiques*, *nos lois sur la presse*, *la pensée asservie*, je désignais le gouvernement de l'Empereur. Mais c'est m'obliger à rappeler ici que la proposition de combattre le socialisme par la suppression des écoles a été produite sous la république, et, si je ne me trompe, par M. Thiers; que *nos lois* sur la presse datent la plupart du règne de Louis-Philippe et de la république; que si la pensée est *asservie* en France, cela tient surtout au trafic des journaux et écrits périodiques, ainsi que je le montrerai plus loin. J'ajouterai, comme remarque de goût, que l'attaque au gouvernement, par voie d'allusion, serait ici de mauvais ton, jurant avec le reste du discours, et tout à fait déplacée.

nité, sinon salaire; elle tient encore, cette opinion malheureuse, au zèle inconsidéré qui depuis 1848 s'est emparé des gens pour la défense de la propriété. C'est une exagération de polémique, rien de plus. Mais du côté du public, l'erreur est bien autrement profonde. Elle a sa source dans la démoralisation générale causée par la commotion de 89 et 93, démoralisation qui n'a fait que s'aggraver et s'étendre depuis soixante-dix ans, à travers une série de catastrophes.

La Révolution entreprise par la nation française, il faut le reconnaître, embrassant la société dans toutes ses couches et dans tout son système, dépassait notre portée. *C'était*, disait Barère exilé, *plus fort que nous.* Nos pères se comportèrent au commencement avec bravoure; puis ils fléchirent, et nous n'avons fait que rétrograder. Je ne sais si d'autres eussent été plus forts ou plus heureux; toujours est-il que nous avons succombé. Or, si une révolution menée à fin est une régénération, une révolution manquée est une cause d'affaissement moral et de décadence. Rebutés, découragés, nous sommes tombés de toute la hauteur de nos principes. Après avoir perdu la foi en nous-mêmes, nous l'avons perdue dans nos idées et dans nos institutions; nous sommes devenus sceptiques à l'endroit même des choses qui excluent essentiellement tout scepticisme, le bien, le beau et l'honnête; et ce qui nous distingue à cette heure aux yeux du monde est une inconsistance de raison, une faiblesse de caractère et une lâcheté de conscience désespérantes. L'homme est condamné au combat et à la victoire: quand l'énergie tombe, les idées s'écroulent bientôt; l'honneur et la dignité s'abîment à leur tour, et il ne reste que putréfaction.

§ 7. — Défaillance politique.

Une vérité n'est définitivement établie que lorsque l'erreur contraire est expliquée. Or, comme il s'agit ici de nous, de notre passé, de notre avenir ; comme la loi proposée se rattache, par son idée et ses conséquences, à l'évolution des quatre-vingts dernières années, j'ai cru qu'il ne serait pas inutile de rapporter le rameau à l'arbre, et d'en observer de plus près la végétation. J'abrégerai, autant qu'il dépendra de moi, ces considérations : d'ailleurs, je n'oblige pas le lecteur à tout lire ; je crois seulement qu'il est de mon devoir de ne rien omettre.

Je disais donc que nous avions été impuissants ou malheureux dans notre entreprise de réforme ; que la démoralisation était venue à la suite ; et que cette défaillance nationale avait son expression, entre autres, dans la vénalité littéraire et le projet de convertir les produits du génie en propriétés.

A l'appui de ces propositions je demande à citer quelques faits.

Ainsi, nous avons essayé de nous emparer de la monarchie et de la façonner au rôle nouveau que lui assignait la liberté. C'était une des conditions du problème révolutionnaire : nous n'avons pas réussi. L'Anglais nous avait ouvert la route et donné l'exemple. Il s'était dit : « Je suis monarchiste, et je veux conserver chez moi le principe et l'institution de la royauté. Mais cette royauté sera telle que je la veux, non telle qu'elle voudrait être ; le roi régnera, représentera, nommera les ministres, exercera sa part d'influence, servira de trait d'union et de point de ralliement entre le gouvernement et la volonté nationale, exprimée par la majorité. Mais il ne gouvernera pas, n'administrera point : c'est moi qui me gouvernerai et qui m'administrerai. Le prince n'aura pas d'autre pensée que ma pensée, et ses amis devront être mes amis... »

L'Anglais, se tenant à lui-même ce langage, n'avait garde d'ajouter, comme l'Espagnol, *Y sino no*, ce qui aurait impliqué qu'il laissait l'option au prince et lui mettait le marché en main. L'Anglais est moins superbe et bien autrement fort que l'Espagnol. Il voulait un roi, mais à sa guise, et il l'eut. Le peuple anglais a assez de mauvais côtés pour qu'on lui rende la justice qu'il mérite : je regarde la discipline de la royauté comme le fait le plus remarquable de l'histoire d'Angleterre. Il en coûta des siècles de luttes : un roi, ce fut l'un des plus honnêtes, périt sur l'échafaud; un autre, obstiné entre tous, fut expulsé avec sa race; le *loyalisme* anglais en pleura. Mais la royauté fut domptée, assouplie; elle vit aujourd'hui dans la meilleure intelligence avec le pays.

La France aussi est monarchique : je ne sais pourquoi l'*Indépendance belge*, un journal aussi peu républicain que possible, me faisait dernièrement une espèce de reproche de l'avoir dit. La France est monarchique jusqu'à la moelle des os, jusque dans le dernier atome de sa démocratie. En vain, depuis trente ans, le déroulement des faits, la raison des intérêts, la dialectique parlementaire, la portent ailleurs; l'instinct l'emporte. Sous une forme ou sous une autre, dictatoriale, impériale, présidentielle, légitimiste, orléaniste, la France est monarchique, et ceux qui ne l'avouent pas le pensent.

La monarchie absolue devenue impossible, la France a donc entrepris, comme l'Angleterre, de convertir son vieux despotisme. Elle a amené la royauté de Versailles à Paris, elle l'a ramenée de Varennes, elle lui a fait jurer une constitution, elle l'a coiffée du bonnet rouge, puis elle l'a guillotinée. Plus tard, elle a abandonné Napoléon Ier, chassé Charles X, démoli Louis-Philippe; par deux fois elle a menacé de se mettre en république : et nous sommes sous Napoléon III. Pouvons-nous nous flatter d'avoir vaincu, dompté, façonné le principe monarchique, dont nous ne savons d'ailleurs nous séparer? Avons-nous, en fait de gouvernement, celui que nos pères, en 1789, consultant à la fois leur génie monarchique et leurs aspirations libérales, choisirent, à tort ou à raison, comme le plus propice, et auquel par deux fois leurs fils se sont ralliés, je veux dire un système politique tel que l'avait pressenti Montesquieu, que le concevait Turgot, que le voulut l'Assemblée constituante, que la Charte de 1814 et celle de 1830 essayèrent de le réaliser, et que la multitude libéraliste le redemande tous les jours?

Non, la monarchie est restée chez nous prépondérante; notre impuissance à la morigéner, comme à nous en passer, a été telle, que, sans vouloir entendre davantage parler de république, nous avons fini par laisser à notre fougueux coursier la bride sur le cou. Cet état de choses n'est que transitoire, direz-vous. Sans doute, tout est transitoire dans cette vie. Le besoin de liberté devenant chaque jour plus intense, le respect de l'autorité plus précaire, les affaires publiques et les affaires privées de plus en plus solidaires, on est induit à supposer, et les avances faites depuis deux ans par le gouvernement impérial viennent à l'appui de cette hypothèse, que la nation française rentrera, sinon dans la plénitude de son autocratie, au moins dans une part plus grande de son gouvernement. Mais outre que ce n'est là qu'une induction, à laquelle le caractère connu du pays commande de se fier peu, qui ne voit que cet heureux progrès, couronnement de l'édifice, résulterait alors de la force des choses, que dis-je? de la prudence du gouvernement lui-même, nullement de la volonté de la nation? Ce serait comme en 1848, où tout le monde se trouva républicain par nécessité, sans que personne pût se flatter d'avoir vaincu la monarchie.

J'insiste sur ce fait, que nos historiographes expliquent d'une façon commode, en disant que la faute fut aux princes, qui tous manquèrent à leurs promesses et forcèrent le pays à les rejeter. Comme s'il n'était pas de l'essence du pouvoir d'empiéter sans cesse! Si grands que soient les torts d'une femme, le divorce laisse toujours planer un doute sur la capacité du mari : que penser quand on voit le même homme divorcer coup sur coup jusqu'à quatre fois? Toutes nos luttes ont été des querelles de ménage, à la suite desquelles la monarchie, un moment éliminée, est toujours rentrée triomphante, tandis que le pays, l'élément mâle, a constamment manqué de tenue et de décision. Nous n'avons pas fortement voulu la constitution de 91, déconsidérée avant d'avoir été mise en vigueur, et nous avons glissé dans la république de 93, que nous ne voulions pas du tout. Lorsque après le 18 brumaire Sieyès tenta pour la seconde fois de nous initier au système constitutionnel, nous applaudîmes aux paroles de Bonaparte, disant qu'il ne voulait pas être *un cochon à l'engrais*; tant notre légèreté comprenait peu ce que devait être la monarchie nouvelle. Nous avons péroré sous la Restauration, mais sans prendre la Charte au sérieux, faisant chaque jour échec au roi, et nous vantant, après, d'avoir joué la *comédie*. Les vieux Bourbons n'étaient pas difficiles à brider cependant, et Charles X n'était pas un Jacques II. Après 1830, quand M. Thiers, dans un instant de verve, prononça son fameux adage, *Le roi règne et ne gouverne pas*, nous ne sûmes y voir qu'un sarcasme de sujet révolté : ce fut un argument de plus pour le parti républicain. [Certes, s'il ne s'agissait que d'un coup d'épaule, nous aurions la force de jeter hors des gonds le gouvernement impérial] (1) : la belle avance! Il s'agit d'atteler le lion, non de le tuer. Je ne voudrais pas décourager les amis de la liberté; mais il faut qu'ils se le disent : jusqu'à ce que la condition générale de la société européenne soit changée, le gouvernement, en France, restera maître et reviendra toujours à son type, qui est Clovis, Charlemagne, Louis XIV, ou Napoléon. Jamais, en face du pouvoir, le peuple ne portera le haut-de-chausses.

Dernièrement, à propos du 21 janvier, certains journaux crurent devoir prendre la défense de la Convention et maintenir le bien jugé de la condamnation de Louis XVI. Le moment, il faut l'avouer, était singulièrement choisi pour une pareille manifestation!... Ce régicide, [qui aurait sa moralité] (2), que l'histoire avouerait peut-être si,

(1) Cette phrase, ainsi que tout lecteur en jugera, est un sarcasme à l'adresse du peuple français. L'imprimeur de Paris y aura vu une imprécation contre le gouvernement impérial : il en a demandé la suppression.

(2) Quatre mots rayés par l'imprimeur parisien. Il a cru qu'en me servant du mot de *moralité*, je faisais l'apologie du régicide. Faut-il que je le renvoie au dictionnaire, et que je lui dise que le terme de moralité, placé comme il l'est dans cet alinéa, où je me moque justement des régicides, a la même valeur que dans les fables d'Ésope, où il est synonyme de *sens moral* d'un fait, bien que le fait ne soit pas toujours absolument moral.

comme celui de Charles Ier, il avait eu pour résultat de fonder d'une manière durable, sinon la république, au moins la monarchie constitutionnelle, cette exécution du *tyran Capet* s'élève contre nous. Ce fut un acte, non d'énergie et de haute justice, mais de colère et de peur. On le vit, quand ceux qui avaient voté la mort du roi, Sieyès, Cambacérès, Fouché, Thibaudeau, se firent courtisans de l'Empereur; quand, en 1815, Benjamin Constant, le soi-disant tribun, se chargea de rédiger pour le revenant de l'île d'Elbe l'*Acte additionnel*, dans lequel le principe fondamental de la monarchie constitutionnelle, représentative et parlementaire, posé par la Charte de 1814, est si subtilement escamoté. En 1862, après tant de défaillances, applaudir au supplice de Louis XVI, ce n'est pas faire acte de vigueur républicaine, c'est, comme en 1804, faire hommage d'une tête de roi à l'omnipotence impériale.

La conséquence de tout ceci est que depuis 89 nous sommes entrés dans une crise. La révolution n'est pas terminée, comme le disaient, en 1799, les consuls; elle n'est pas davantage refoulée, comme s'en vantèrent après 1814 les émigrés : elle n'est qu'enrayée. La religion de la royauté s'est affaiblie; mais le principe, mais la pratique, sont demeurés intacts; et comme la république, après deux expériences malheureuses, n'est pas encore définie, comme ses tendances sont à rebours de ce que nous aimons et cherchons dans la monarchie, il s'ensuit que nous n'avons ni foi monarchique ni conviction républicaine. Nous suivons une routine; [en fait, nous n'avons pas de principes politiques, incapables que nous sommes également, à l'heure où j'écris, de vivre avec ou sans un maître. Toute notre énergie est une énergie de théâtre. Au lieu du *self-government*, dont la réalité se cache en Angleterre sous les insignes de la monarchie, nous avons le fonctionnarisme, rendu populaire par l'*admissibilité de tous les citoyens aux emplois*; au lieu d'une république fédérative ou d'une monarchie entourée d'institutions républicaines, nous avons le démocratisme, qui n'est autre chose qu'une variété du despotime; en dernière analyse, un gouvernement qui, de quelque part qu'il vienne et quelque nom qu'il porte, simple mandataire, est forcé, à peine de périr, d'agir en souverain; et une nation soi-disant souveraine, qui, avide de subventions et de places, se faisant la servante de son élu, s'imagine exploiter son gouvernement] (1).

Conclusion : une nation tombée dans l'indifférence politique est dans la pire des conditions pour avoir une litté-

(1) Tout ce passage, depuis les mots *En fait* jusqu'à la fin de l'alinéa, a été rayé par la censure officieuse de l'éditeur parisien. Certes, il me convient moins qu'à personne de prendre la défense du gouvernement impérial : mais les délicatesses de la librairie française m'obligent à dire que dans cet endroit le gouvernement de l'empereur est hors de cause. Je fais la critique de la nation française, de ses défaillances, de son manque d'esprit public; je dis qu'une nation qui ne sait pas façonner son propre gouvernement, qui ne demande qu'à être déchargée du soin de ses propres affaires, dans laquelle chaque citoyen regarde l'État comme une sorte de vache à lait et se juge assez libre pourvu qu'il tette, ne peut pas avoir un régime de haute liberté, de légalité sévère et de stricte économie. Il y a incompatibilité, disait Montesquieu, entre les vertus républicaines et les conditions qu'on impose chez nous au Pouvoir. Veut-on que j'ajoute, pour compléter ma pensée, que, vu les circonstances, vu le caractère et les préjugés de la nation, le gouvernement de S. M. I. Napoléon III est encore le plus modéré, le plus libéral, le plus paternel, le plus prudent, le plus économe, que nous pussions souhaiter? Très-volontiers. Quand je considère tout ce que ce gouvernement peut se permettre, ce qu'on lui accorde, ce qu'on en attend, les critiques qu'on lui adresse, les adulations dont on l'obsède, les utopies dont on lui demande la réalisation, telles que la propriété littéraire et le libre échange; puis, quand je vois avec quelle discrétion, avec quelle modestie il use de ses prérogatives, je reconnais sans peine que ce gouvernement, expression de la volonté et de la conscience nationale, est encore au-dessus des mérites du pays.

rature politique; et il est fatal que les écrivains qui, dans les journaux ou dans les livres, traitent de matières politiques, économiques et sociales, deviennent insensiblement comme ces honnêtes employés qui *servent leur pays sous tous les gouvernements.*

§ 8. — **Anarchie mercantile : la philosophie, la littérature et l'art faits métier et marchandise.**

La même démoralisation qui, en politique, a produit parmi nous de si tristes fruits, n'a pas causé de moindres ravages dans la sphère des intérêts et dans celle des idées.

Avant 1789, le tiers état avait été refoulé, la roture méprisée. Le monde de la production utilitaire, qui formait les quatre-vingt-dix centièmes de la nation, et qui avait bien le droit d'être compté pour quelque chose, n'occupait que le troisième rang. Cette subalternisation fut pour nous un irréparable malheur. La Révolution ayant éclaté, les masses populaires et bourgeoises font irruption dans l'arène, chassent clergé, noblessé, royauté, et, d'un seul coup, se trouvent propriétaires du sol et maîtresses du pouvoir. C'eût été magnifique, si la puissance de réédification avait été égale à celle de démolition. Après vingt-cinq ans de guerre, le torrent débordé rentre dans son lit : alors il s'agit d'organiser le régime industriel, appelé depuis 1789 à succéder au régime féodal. On avait passé d'un bond du système des corporations et maîtrises à celui de libre concurrence : une constitution économique était à créer sur ces ruines.

Mais ici encore la tâche est trop lourde : la nation ne sait pas calculer son effort, disposer ses moyens, marcher au but avec intelligence et fermeté. L'arbitraire qu'on laissait au pouvoir, faute de savoir le contenir, on le voulait, à un autre point de vue, pour quiconque s'occupait de commerce et d'industrie. L'anarchie mercantile, dénoncée dès sa naissance par Sismondi, parut le dernier mot de la science et de la révolution. Aussi qu'arrive-t-il?

Une des misères de notre révolution est que depuis 1789 nous n'avons eu plus rien de suivi, rien de traditionnel. Cela est sensible dans la succession de ces gouvernements à courte échéance, qui ne tiennent point l'un à l'autre, et dont nous payons à tour de rôle le stérile apprentissage. Or, ce qui est vrai du pouvoir, l'est encore plus de la bourgeoisie. A dater de 92 elle subit une métamorphose : tout en elle change de style et d'aspect. Une génération fraîchement sortie de dessous la motte, aussi étrangère à l'esprit bourgeois qu'aux mœurs nobiliaires, dont le titre est dans l'acquisition des biens nationaux et l'abolition des vieux cadres, prend la place, l'habit, le nom de l'ancienne bourgeoisie. C'est elle qui désormais fait l'opinion et dirige le mouvement. Apre aux souvenirs de l'ancien régime, elle ne s'aperçoit pas qu'elle refait sous une autre forme le système aboli. La féodalité du capital jette ses fondements. L'autre féodalité avait pour base, pour raison et pour sanction la foi religieuse, tout un ordre de relations ultra-mondaines. Maintenant nous sommes revenus au matérialisme primitif, au culte grossier et sans voile des intérêts.

Ici pourtant, comme tout à l'heure, nous avons cru suivre l'exemple de l'Angleterre. Mais la situation n'était pas la même. L'Angleterre, en donnant l'essor à l'industrie, apanage de la classe bourgeoise, avait conservé son aristocratie terrienne et son clergé ; elle avait un système social, une religion nationale, une philosophie pratique, qui la garantissaient contre les aberrations de la politique et les excès de la spéculation. Elle avait, enfin, le monde entier pour clientèle et l'Océan pour empire.

Le résultat de cet entraînement fut une subversion économique aussi humiliante pour notre amour-propre que funeste à notre fortune. La richesse de la France, sa force, est dans un système de petites propriétés, de petites industries, équilibrées entre elles, et servies par quelques grandes exploitations, juste le contraire de ce qui existe en Angleterre, et que nous nous efforçons ridiculement d'importer chez nous depuis un demi-siècle. On ne l'a pas compris : c'est un de nos travers de dédaigner nos avantages, et de nous enflammer pour l'imitation d'autrui. Pendant quelques années, la *prospérité a été croissante :* qu'est-elle aujourd'hui? Le paupérisme assiége toutes les classes de la nation. L'anarchie économique agissant à son tour sur le moral, les âmes, déroutées par l'insuccès politique, se sont assombries. Sous Louis-Philippe, tandis que le gouvernement favorise le développement de l'instruction primaire, l'intelligence bourgeoise, infectée par l'utilitarisme, décline à vue d'œil. La bourgeoisie renonce à ces *bonnes études* qui, aux siècles précédents, avaient fait sa gloire, leur préférant une éducation toute mathématique et industrielle. A quoi bon les Grecs et les Latins ? A quoi bon la philosophie et les hautes sciences, et les langues, et le droit, et l'antiquité? Faites-nous des ingénieurs, des contre-maîtres, des commis!... Les découvertes de l'industrie moderne achèvent d'aveugler cette caste boutiquière : ce qui devait élever les esprits ne fut

9.

qu'une victoire de plus pour l'obscurantisme. De ce moment, la science de la richesse, l'accord des intérêts, n'apparurent que par leur côté anti-esthétique. L'*Économie politique*, a dit M. Thiers, *est de la littérature ennuyeuse;* elle est tombée en réclame. La propriété intellectuelle, la littérature vénale, est une de ses inspirations.

[Un fait qui montre comment la nouvelle bourgeoisie entend le commerce des idées et la pratique des arts libéraux, est la manière dont elle exploite le journalisme. Vous reprochez à ce directeur de journal ses complaisances envers le pouvoir, ses réticences, ses lâchetés. Il vous répond, le plus sérieusement du monde : Mais je ne suis pas libre; si je fais ce que vous dites, je recevrai un avertissement. — Faites-vous avertir. — Je serai suspendu. — Faites-vous suspendre. — Je serai supprimé. — Faites-vous supprimer. — Et mon capital, il faut donc que je le perde? — Perdez votre capital, mais ne transigez pas sur le droit et la vérité. Sur ce l'honorable publiciste, scandalisé, vous tourne le dos. Évidemment cet homme n'est pas vendu au pouvoir; il fait son métier en conscience. Il n'est vendu qu'à son capital] (1).

(1) Alinéa supprimé par la censure officieuse. Sans doute on y aura vu une excitation à la désobéissance : c'est ainsi que raisonnent la peur et la mauvaise conscience. Mais quel lecteur de sens rassis ne verra que ma pensée est justement le contraire de celle qu'on me prête? — Vous avez fait du journalisme, de la manifestation quotidienne des idées, dis-je au bourgeois, un trafic; il est tout simple, il est nécessaire, moral, juste, que le gouvernement intervienne dans ce trafic dangereux, afin que vous n'en abusiez pas contre l'ordre et la morale publique. L'exploitation de la presse, dans l'état actuel de la société française, constitue en principe une véritable immoralité, qui appelle de la part du Pouvoir une surveillance énergique. Le niez-vous? Accusez-vous le Pouvoir lui-même d'arbitraire? Prouvez votre accusation, prouvez votre propre moralité, en sacrifiant, au besoin, et votre journal, et votre capital, et votre exploitation, et votre fortune. Si vous le faites, le gouvernement comprendra qu'il est

Ainsi nous avons échoué dans notre tentative de révolution économique comme dans notre essai de réforme politique : de ce double échec il nous est resté, avec un sentiment profond d'impuissance, une altération non moins profonde de notre sens moral. Nous ne sommes ni des dompteurs de rois ni de véritables entrepreneurs, et nous avons perdu, avec l'intelligence de notre fonction humanitaire, jusqu'à l'instinct de notre indigénat. Nos âmes détraquées, ne recevant plus les inspirations du sol, ont cessé d'être gauloises, et nous ne sommes pas même de notre pays. Il existe parmi nous des constitutionnels, des républicains, des impérialistes, des catholiques et des voltairiens, des conservateurs et des radicaux : tout cela est pour l'enseigne. De pensée politique et sociale, il n'y en a réellement pas, et notre nationalité, toute dans l'officiel, étouffée par l'affluence étrangère et des mœurs factices, est devenue un mythe. Quelle partie faisons-nous dans le concert européen? Impossible de le dire. Aussi le monde va sans nous, en garde seulement contre nos cinq cent mille baïonnettes. Il y a soixante-quatorze ans que le tiers état, qui demandait modestement, par la bouche de Syeyès, à devenir quelque chose, est devenu tout : et depuis qu'il est tout, il ne sait que vouloir, il semble avoir donné sa démission!...

Parlerai-je de philosophie? Un simple rapprochement suffit.

Au seizième siècle, l'Allemagne s'était dit : « La papauté est prostituée; Rome, la nouvelle Babylone, infidèle

engagé dans une voie fausse, que vous valez mieux qu'il ne le pensait, et de lui-même il se modifiera. Sinon, taisez-vous, et, quand vous êtes le premier corrompu, ne vous plaignez pas que le Pouvoir prenne ses sûretés.

à Christ, a détruit le règne de Christ. Mais moi je suis chrétienne, et je sauverai la religion... » Et l'Allemagne, se séparant de l'Église, opéra la Réforme. La piété refleurit sur la terre ; l'influence protestante s'étendit jusqu'au sein de l'Église, forcée, en condamnant l'*hérésie*, d'obéir au mouvement. De cette réformation, inconséquente mais généreuse, sortit, trois cents ans plus tard, par le travail de la pensée libre, une philosophie splendide, la philosophie germanique, qui aujourd'hui soutient, nourrit, élève toutes les âmes en Allemagne ; qui, en les affranchissant du dogme, les soumet aux conditions juridiques de la liberté. J'avoue que l'œuvre de Luther était moins difficile que celle de Mirabeau. Mais enfin, Luther a été entendu de sa nation, il a été suivi ; la race germanique, de même que la race anglo-saxonne, a fait ce qu'elle voulait et comme elle le voulait ; tandis que nous avons délaissé, honni Mirabeau, et que nous en sommes à nous demander encore ce que voulait le sublime tribun et ce que voulaient nos pères. A l'heure où j'écris, l'Allemagne travaille à sa constitution fédérative et républicaine, et continue, par des voies à elle, l'œuvre suspendue de 1789. Ainsi marche le peuple allemand, d'un pas lent mais assuré. Sa pensée, souvent nuageuse, est le sel de la terre ; et tant qu'on philosophera entre le Rhin et la Vistule, la contre-révolution ne prévaudra pas.

Nous aussi, au seizième siècle nous avons été visités par la Réforme, et nous l'avons proscrite deux fois, sous le nom de Calvin, et sous celui de Jansénius. Au dix-huitième siècle, nous essayons de prendre notre revanche, en appelant à nous la philosophie. La philosophie française, Hegel l'a dit, fut la sœur aînée de la philosophie allemande. L'une posa les principes, l'autre déduisit les corollaires. Inaugurée par une élite puissante, composée des Fréret, des Montesquieu, des Voltaire, des Condillac, des Diderot, des d'Alembert, des Buffon, des Condorcet, des Volney, on pouvait l'appeler également philosophie de la nature et philosophie du droit, avec le sens commun pour interprète. De là est partie la foudre de 89. Mais la philosophie reste chez nous individuelle; la masse ne se l'assimile point. Nous avons produit, en tous genres, des génies égaux aux plus grands : soyons-en moins fiers, nous les avons traités comme des ermites. Si nous les visitons quelquefois, c'est pure curiosité. Leur pensée est comme la semence de l'Évangile, dont les oiseaux de la terre se nourrissent, mais que nous laissons, quant à nous, sécher sur la pierre. Les conclusions de la science ne nous profitent en rien : nous avions trop cru lorsque nous nous mîmes à réfléchir; nous avions eu trop de foi, pas assez de vertu. Aux premières clartés, nous fûmes renversés comme saint Paul sur le chemin de Damas, et nous ne nous sommes pas relevés. De nos penseurs, nous n'avons retenu que les gaietés et les blasphèmes. Après les orgies de 93 et du Directoire, la multitude retourna au vieil autel; Bonaparte rouvrit les églises, et tout fut dit. Les plus hardis se cantonnèrent qui dans le mysticisme, qui dans le libertinage; le reste coula dans l'indifférence. De cette indifférence est né l'éclectisme, macédoine métaphysique, philosophie de bric-à-brac. Voulez-vous du spiritualisme, du matérialisme, du déisme, de l'écossisme, du kantisme, du platonisme, du spinosisme? Voulez-vous accorder votre religion avec votre raison? Parlez; il y en a pour tous les goûts et à toutes les doses... Nous ressemblons aux compagnons d'Ulysse changés en pourceaux par une fée, et qui avaient conservé de leur nature d'hommes juste ce qu'il fallait pour tourner en dérision tout ce qui est de l'homme. Notre conscience est comme ce champignon des prés qui, desséché en automne, répand une poussière infecte, et que l'ironie rustique appelle d'un nom que l'honnêteté me défend de dire. Tout ce que nous respections jadis est par nous souillé; nous agiotons sur le droit et le devoir, sur la liberté et l'ordre, sur la vérité et la fantaisie, comme sur les titres d'emprunt et les actions de chemins de fer. Ni la morale humaine, ni la valeur vraie des choses, ni la certitude des idées et la fidélité aux principes ne nous occupent; nous spéculons sur les fluctuations. Tout nous est occasion et matière de jeu; nous escomptons notre prochaine banqueroute, et dans cette propriété pour laquelle nous affectons tant de zèle, nous ne cherchons que le produit net.

### § 9. — Décadence de la littérature sous l'influence du mercenarisme. Transformation prévue.

« La littérature est l'expression de la société : » ce mot, tant de fois cité, reçoit en ce moment une confirmation sinistre. Que peut être une littérature dans les conditions politiques, économiques et philosophiques que je viens de dire? Que peut être la conscience littéraire et la dignité de l'art?

Après la chute du Directoire, la littérature française, expression du dix-septième et du dix-huitième siècle, cessa tout à coup d'être en rapport avec la situation des esprits. La France de 1804 pouvait-elle comprendre Bossuet, Voltaire, ou Mirabeau?... La chute fut subite, immense. Le roi des beaux esprits fut Fontanes : qui a lu Fontanes? Napoléon faisait ses délices d'Ossian : qui lit Ossian? Qu'est devenue la littérature impériale?

Sous la Restauration, qui, en rappelant le passé, ranima l'esprit bourgeois, il y eut deux courants : l'un de littérature positive, remarquable surtout par les travaux d'histoire; l'autre de littérature rétrospective, le romantisme. La première, estimable, mais sceptique et froide, n'arriva pas au sublime; le second fut le chant de l'eunuque. Les œuvres sérieuses de notre siècle dureront encore, grâce aux matériaux qu'elles contiennent : le romantisme est fini. Chateaubriand est passé : qui eût cru, en 1814, qu'un si grand homme passerait? Et bien d'autres passeront qui ne se soutiennent que par la puissance des coteries et la vertu de la réclame.

A partir de 1830, la France industrialisée a définitivement rompu avec sa tradition littéraire; alors aussi la décadence générale devient plus rapide. La littérature française, méconnaissant son génie propre, se souciant peu de rester elle-même, s'engoue de l'étranger dont elle fait des pastiches, perd le sentiment de la langue, qu'elle torture et corrompt. L'idée manquant, on se jette dans le faux et l'outré; on fait du placage littéraire; on étend sur des brutalités, sur des turpitudes, les formes créées par les maîtres; on fabrique du style avec du style, comme on fait au collége des vers latins avec le *Gradus ad Parnassum*, comme ces Italiens qui, ne produisant plus d'œuvres originales, fournissent, d'après les maîtres, des statues, des bas-reliefs, des colonnes et jusqu'à des temples, pour l'exportation. Cela s'appelle écrire. Pour se donner une apparence d'originalité et de profondeur, on refait les règles, on dénigre les classiques, qu'on ne comprend seulement pas; on remplit des bouts-rimés impossibles; on revient à la langue des troubadours; on réhabilite, au nom de la nature, le laid; on cultive le vice et le crime; on déborde en descriptions, en déclamations, en conversations diluviennes; puis le bulletin de la librairie enregistre le succès. Cela s'appelle littérature.

Est-il vrai, oui ou non, que pour la grande majorité des lettrés, la littérature est un métier, un moyen de fortune, pour ne pas dire un gagne-pain? Or, il n'y a pas ici de distinction à établir : dès que l'écrivain, quittant le marteau pour la plume, entre dans la voie du mercantilisme, il la parcourra tout entière. Il se dira que servir la vérité pour elle-même et la publier quand même, c'est se rendre tout le monde hostile; que son intérêt lui commande de se rattacher à l'une ou à l'autre des puissances du jour, coterie, parti, gouvernement; qu'avant tout il lui importe de ménager les préjugés, les intérêts, les amours-propres. Il suivra le va-et-vient de l'opinion, les variations de la mode; il sacrifiera au goût du moment, encensera les idoles en crédit, demandant son salaire à toutes les usurpations, à toutes les hontes (1).

(1) L'art de vendre un manuscrit, d'exploiter une réputation, d'ailleurs surfaite, de pressurer la curiosité et l'engouement du public, l'agiotage littéraire, pour le nommer par son nom, a été poussé de nos jours à un degré inouï. D'abord, il n'y a plus de critique : les gens de lettres forment caste; tout ce qui écrit dans les journaux et les revues devient complice de la spéculation. L'homme qui se respecte, ne voulant ni contribuer à la réclame, ni se faire dénonciateur de la médiocrité, prend le parti du silence. La place est acquise au charlatanisme. Mais le grand moyen de succès est le haut prix auquel se vendent les auteurs. On annonce que tel ouvrage, impatiemment attendu, annoncé avec mystère, va enfin paraître : l'auteur a traité avec telle maison de librairie pour le prix de 100,000,

C'est ainsi que notre littérature s'est engagée dans une dégradation sans fin. Parce qu'elle a méconnu la première loi de l'homme de lettres, qui est le sacrifice, et qu'elle poursuit le profit, elle est devenue, en moins d'un demi-siècle, d'abord une littérature factice, puis une littérature de scandale, enfin une littérature de servilité. Combien sont-ils ceux qui croient que les lettres, en quelque genre que ce soit, ont surtout pour mission de défendre le droit, les mœurs, la liberté; que le génie même n'existe qu'à la condition de les défendre? Jamais, en présence d'événements aussi pleins de leçons, la poésie et la prose, d'ailleurs parfaitement travaillées, parurent-elles plus vides? Quand la littérature devrait s'élever, suivre la marche ascensionnelle des choses, elle dégringole. A genoux devant le veau d'or ou courbé sous l'intimidation du pouvoir, l'homme de lettres n'a qu'un souci, c'est de faire valoir au mieux de ses intérêts son capital littéraire, soit en composant avec les puissances de qui il croit dépendre, soit en se mutilant volontairement. Il oublie que de tels expédients

200,000 et 500,000 fr. Il existe, à ce qu'il paraît, des exemples de pareils marchés. Le plus souvent, chose dont on n'a garde d'informer le public, ces prix fabuleux sont payés par une commandite dans laquelle l'auteur entre pour la plus forte part, en sorte que, liquidation faite, il lui revient le dixième de la somme annoncée. Un gros chiffre, même purement nominal, est ce qui flatte le plus la vanité des écrivains. Tel préférera pour son éditeur un charlatan qui lui promet 100,000 écus et fait banqueroute, à un libraire sérieux, qui aurait payé, argent sur table, 50,000 fr. Parfois aussi un libraire novice, ébloui par un grand nom, se présente, court la folle enchère, et trouve la ruine là où il avait espéré la fortune; cela s'appelle, en librairie, *boire un bouillon*. Quelle gloire, pour un écrivain, qu'un pareil succès! Puis viennent les spéculations sur le format. La primeur en littérature est toujours chère : on commence par attaquer les grosses bourses, après quoi l'on s'adresse aux petites. Alors on change format, caractères, papier, mise en page. Tel ouvrage vendu 15 fr., en deux tomes, à ses débuts, s'est donné six mois après, en un seul volume, pour 3 fr. Différence, 80 p. 0/0. — 80 p. 0/0! C'est à peu près ce qu'il y a à rabattre, en général, sur les réputations et les livres.

faussent la conscience et tuent le génie, que l'homme de lettres se ravale ainsi à la condition du mercenaire, [et que peu importe alors si celui qui le paye est un éditeur ou la police] (1).

Mais, disent-ils, c'est justement afin de relever le caractère de l'homme de lettres, de lui assurer l'honorabilité et l'indépendance, que l'on demande l'institution d'une propriété littéraire... Mensonge! Il est prouvé que la création d'une semblable propriété, contraire aux principes de l'économie sociale, contraire au droit civil et politique, implique dans ses termes la confusion des choses vénales par nature avec celles qui ne le sont pas, et conséquemment la corruption de la littérature. Et puis, est-ce pour les auteurs eux-mêmes qu'on la demande cette propriété, ou pour les héritiers? Quand l'écrivain se révèle, il ne possède rien; c'est à lui de faire son nid, sans subvention ni encouragement. Souvent même, c'est contre la pensée même de ses contemporains qu'il doit diriger l'effort de son génie, quitte à ne trouver sa récompense que dans le tombeau. Ce sont donc les héritiers des auteurs qu'on a en vue; ce sont des majorats d'une nouvelle espèce, une aristocratie de l'intelligence qu'on veut établir, tout un système de corruption et de servitude organisé sous le nom de propriété!

On raconte que le consul Mummius, au sac de Corinthe,

(1) La censure officieuse a demandé la suppression de ce dernier membre de phrase, comme constituant une offense à la police : tel est du moins le motif que je suppose. J'avoue ici mon tort : la police ne paye ni n'achète les gens de lettres; elle n'a que faire de mettre leur servilité à prix. Les gens de lettres font l'affaire du pouvoir sans qu'il lui en coûte rien. J'ai voulu dire qu'entre l'homme de lettres, trafiquant de sa plume, et payé par un libraire, et l'écrivain qui serait gagé secrètement par la police, il n'y a pas, au point de vue des principes et de la moralité des situations, de différence.

disait à l'entrepreneur chargé du transport des statues : *Si tu les brises, tu les remplaceras!* En 145 avant J. C., les Romains n'en étaient pas encore à distinguer les beaux-arts des métiers : nous au rebours, nous sommes revenus à les confondre. N'est-ce pas ce que nous faisons, en vérité, quand nous créons des maîtrises ès arts et ès lettres, non plus dans le sens que les artistes donnent au mot de *maître*, mais dans le sens que lui donnait l'ancienne féodalité? Et que de gens, même parmi les lettrés, se figurent, *in petto*, que le génie ne manquerait pas s'il était grassement payé, et qu'un chef-d'œuvre se peut fabriquer sur commande comme une maison ou un carrosse! C'est la consolation de la médiocrité de penser que les arts déclinent, parce qu'il n'y a pas pour les artistes d'encouragement.

On dit que lord Palmerston, s'entendant reprocher que son gouvernement ne faisait rien pour les artistes, s'écria : *Ne sommes-nous donc plus Anglais?* Il voulait dire que ces sortes de choses regardent le public, non le gouvernement. Notre dilettantisme en est là. Nous croyons qu'une nation a de la gloire quand elle est assez riche pour la payer, que Paris rebâti au prix de douze milliards sera le chef d'œuvre de l'architecture, et que les lettres seront prospères quand les lettrés auront des rentes.

Au reste, il pourrait y avoir dans cette assimilation obstinée des créations de l'idéal avec celles de l'utile, une idée dont les partisans de la nouvelle propriété ne se doutent pas. La civilisation est entrée dans une éclipse. Peut-être est-il dans la destinée générale que cette dégradation momentanée de la lumière humanitaire arrive. Si l'art se rabaisse au niveau de l'industrie, n'est-ce point qu'en effet l'industrie elle-même devient art? Regardez aux expositions : au dire des critiques, les œuvres d'art sont de plus en plus déplorables; en revanche, celles de l'industrie apparaissent de plus en plus brillantes. Est-ce que les produits de la manufacture de Sèvres, de celle des Gobelins, ne sont pas des œuvres d'art? Est-ce qu'il n'y a pas un art infini dans toutes ces machines, dans ces instruments de précision, dans ces étoffes de luxe, dans cette cristallerie, dans cette librairie si richement illustrée? Est-ce que ces inventions tout utilitaires, le télégraphe électrique, la photographie, la galvanoplastie, la machine à vapeur, les mécaniques à filer, à tisser, à coudre, à imprimer, à fabriquer le papier, etc., ne surpassent pas comme conception, n'égalent pas comme exécution, les œuvres les plus renommées de nos peintres, de nos statuaires et de nos poëtes? Est-ce que l'idéal n'éclate pas dans les produits de nos industries de Paris et de Lyon, comme dans les ouvrages de nos romanciers et de nos dramaturges? Est-ce que l'art de la parole, enfin, n'est pas porté à un degré éminent chez nos avocats, nos professeurs, nos journalistes, chez une foule de personnes qui ne font aucune profession de littérature et d'éloquence? Eh! plût à Dieu que l'art de penser fût aussi vulgaire! Nous cherchons l'idéal, le bien parler et le bien écrire, signes d'une intelligence lucide et d'une conscience saine; et nous sommes, sans nous en apercevoir, tout idéal. Nous parlons comme Pindare et Phébus; grâce à cette énorme consommation de romans, de comptes rendus, de publications quotidiennes, hebdomadaires, mensuelles, à la portée de toutes les intelligences et de toutes les bourses, les élégances du discours français, la substance littéraire de l'antiquité et de l'âge moderne, sont devenues le patrimoine de toutes les classes et ne distinguent aujourd'hui personne. Qu'y a-t-il d'étonnant, après cela, que la littérature et l'art soient assimilés à l'industrie, quand tout industriel peut se dire artiste, quand les travailleurs ont leur poésie et les gens d'affaires leur éloquence?

Soit donc : nous sommes en pleine transformation. Pendant un temps, pendant longtemps peut-être, nous n'aurons ni vraie littérature, ni véritable art, pas plus que dans une ère de constitutions et de rationalisme nous ne pouvons avoir de vraie royauté et de vrai sacerdoce. Il y aura des fonctionnaires du temporel et du spirituel, très-honorables, du reste, depuis 1,200 jusqu'à 100,000 fr. de traitement; des scribes à appointements fixes ou à leurs pièces, ayant appris à écrire correctement le français et à décalquer sur toutes sortes de sujets le style des originaux; des dessinateurs coloristes, des praticiens du marbre et du granit, habiles à s'emparer des idées des maîtres et à en débiter les chefs-d'œuvre. Ce sera bien triste, bien ignoble, bien bête. Consolons-nous cependant : peu à peu le public apprendra à estimer à sa juste valeur cette littérature de contrefacteurs, cet art de flibustiers; la falsification sera vaincue, exterminée, et, après un ou deux siècles de décrépitude, nous aurons une renaissance.

Soit, je le veux, j'y applaudis. Moi aussi, j'ai assez du parlage, de l'écrivaillerie, du *pianisme* et de l'enluminure. Mais alors, suivons la loi de l'industrie telle que l'a faite la Révolution. Des garanties de rémunération aux auteurs, aux inventeurs, aux perfectionneurs, tant qu'on voudra : mais point de privilége, point de maîtrise, point de perpétuité. Partout, toujours, libre concurrence.

# TROISIÈME PARTIE.

## CONSÉQUENCES SOCIALES.

### § 1. — Comment les révolutions commencent, et comment elles avortent.

Si le projet de loi pour la propriété littéraire est adopté, j'ose dire qu'il ne restera virtuellement rien des institutions et des idées de 89. L'esprit de la France aura fait une conversion complète : pour effacer jusqu'au dernier vestige de la Révolution, il suffira de laisser la loi nouvelle produire ses conséquences, et de les enregistrer à fur et mesure au Bulletin des lois.

Un peuple ne conserve ses institutions et ses lois qu'autant qu'elles répondent à l'idéal formé dans son esprit : dès que cet idéal est ébranlé, la société se transforme. Ainsi la Révolution de 1789 fut l'abjuration de l'idéal religieux, politique et social qu'avait consacré la littérature du 17e siècle. De même, la réaction commencée sous le consulat, et dont la république de 1848 a provoqué la recrudescence, est, sauf les modifications exigées par le temps, un retour à cet ancien idéal.

Sous la plume des Bossuet, des Fénelon, des Fleury, des Arnauld, des Pascal, des Bourdaloue, des dom Calmet, le christianisme acquit une rationalité, une splendeur qu'il n'avait jamais eues, même au temps de saint

Augustin et de saint Paul. Philosophie, sciences exactes et naturelles, poésie, éloquence, servirent à cette transfiguration chrétienne. Alors il y eut orgueil et joie à professer l'Évangile; le croyant put se dire qu'il avait pour lui la raison divine et la raison humaine. Le christianisme fut plus qu'une foi : ce fut le système du monde, de l'homme et de Dieu.

La monarchie partagea cette gloire de la religion. Prosateurs et poëtes se réunirent dans une commune adoration de la royauté, à laquelle la théorie de la souveraineté du peuple, introduite par les protestants, ne pouvait que donner le double prestige de la tradition et de la logique. Au dix-septième siècle, on n'en était pas venu à concevoir le gouvernement des sociétés comme une dépendance du droit et de la science ; on partait unanimement du principe d'autorité, incarné selon les uns dans le prince, selon les autres dans le peuple, éclairé par l'Église, et sanctionné par l'ordre de Dieu. Or, dès que l'on invoque l'autorité et l'ordre divin, il est absurde de placer la souveraineté dans la masse, de faire le sujet roi, d'appeler gouvernant ce qui précisément doit être gouverné.

La hiérarchie sociale, à son tour, malgré ses misères fort apparentes, reçut la même consécration. Si Molière, Boileau, la Bruyère, se moquèrent des petits marquis, ils n'en témoignèrent pas moins un profond respect pour le principe de la noblesse, en qui l'on trouvait une des conditions de la société et une manifestation de la dignité individuelle. Puisque l'on accordait, ce que l'on accorde encore aujourd'hui, que l'égalité des biens et des conditions est une chimère, l'institution de la noblesse était donnée, et Fénelon dans son *Télémaque*, Saint-Simon dans ses *Mémoires*, avaient raison de maintenir la distinction des castes et de revendiquer pour la noblesse plus de pouvoir et d'influence. Le crime de Richelieu, aux yeux de ces grands publicistes, fut d'avoir amoindri la noblesse; et l'une des réformes les plus importantes que l'on attendait à la mort de Louis XIV, comme on l'avait attendue à sa minorité, était une restauration de la puissance féodale. Quant à la bourgeoisie, organisée par corporations et maîtrises, elle était, avec les parlements, le plus ferme appui du système.

Après s'être formée sur la société, comme sur son prototype, la littérature avait donc servi à la conservation de cette même société en l'idéalisant. Cet idéalisme couvrait d'effroyables abus, des vices monstrueux : l'impression n'en fut pas moins profonde; c'est par là que la France s'est soutenue jusqu'en 1789. Éclipsée pendant les douze années de l'agitation révolutionnaire, la gloire du grand siècle nous a de nouveau ressaisis, et le règne de Louis XIV fut encore plus admiré de notre époque qu'il ne l'avait été par les contemporains.

Comment donc la France s'était-elle détachée de ce puissant idéal? En autres termes, comment la Révolution était-elle devenue possible?

Nous le savons : le dix-septième siècle, conservateur et croyant, avait été moins raisonneur qu'artiste. Il s'était servi de la raison pour affirmer, pour embellir le *statu quo;* sa dominante, soutenue par trente années de succès, fut la poésie et l'art. Le dix-huitième siècle mit en jeu une faculté opposée : sollicité par la science et le mal-être, il compara la réalité avec l'idéal, réfléchit plus qu'il n'admira : l'analyse fut sa muse; elle le conduisit à la négation.

C'est qu'en effet la réalité, dans l'Église, dans le pouvoir, la noblesse et la roture, était hideuse, et que les moins prévenus contre l'ordre établi durent croire à l'impossibilité d'une guérison, conséquemment traiter de mensonge l'idéal.

En deux mots, la révolution fut une protestation de la raison positive contre les suggestions de l'imagination et de la foi, et tout ce qui s'est passé depuis en a été la conséquence. L'idéal monarchique, féodal et théologal était faux, je veux dire que la réalité sur laquelle il reposait était irrationnelle, immorale, et que tôt ou tard, devant les révélations de la critique, son prestige devait s'évanouir. L'analyse du dix-huitième siècle fut irréprochable ; la Révolution en a été le fruit légitime.

Maintenant cette Révolution elle-même est outrageusement niée et mise en péril : il n'est pas plus difficile d'expliquer ce fait que l'autre.

Ai-je besoin de rappeler à mes lecteurs que dans tout ceci je n'entends accuser ni directement ni indirectement le pouvoir, que je ne fais pas de la satire politique, mais bien de la psychologie sociale ? Ce n'est pas un complot que je dénonce ; c'est un courant d'opinions que je signale, un enchaînement d'idées et de faits dont je montre la série et dont je déduirai tout à l'heure les dernières conséquences : toutes choses en dehors de l'action gouvernementale, et qui ne tombent sous la responsabilité de personne (1).

J'ai dit plus haut, IIe partie, §§ 6, 7, 8, que la décadence

(1) Cet alinéa n'est pas de la première rédaction. Il a été écrit sur les instances du libraire, qu'effrayait cette recherche des causes de la contre-révolution. Je m'étonne que la censure officieuse ne l'ait pas itérativement signalé comme dangereux, l'esprit de contradiction du lecteur pouvant fort bien ici prendre l'envers des paroles de l'écrivain.

dont nous sommes témoins avait sa cause, non dans les principes de la Révolution, qui sont justice et science; non dans les conclusions que nous avons essayé d'en déduire, puisque ces conclusions se résument en un développement du droit et de la liberté; — mais dans l'insuffisance de la génération, qui ne s'est pas trouvée à la hauteur de l'entreprise. Nous avons été pesés dans la balance, et, comme le roi Balthazar, nous avons été trouvés faibles, *minus habentes*. Nous n'avons résolu aucun des grands problèmes posés par 89, et nous succombons à la fatigue et à la démoralisation. N'ayant pas su idéaliser, ni par nos institutions, ni par nos arts, ni par nos actes, la Révolution que nous avions entreprise; loin de là, cette Révolution ne nous ayant laissé que des souvenirs d'horreur, nous ne pouvions manquer de retomber sous l'idéal du 17e siècle, grâce à cette littérature splendide, un instant infirmée par la philosophie. Dès le temps de Robespierre, la France tendait les bras à son Dieu et à son roi : Napoléon lui rendit l'un et l'autre, lui refit des conquêtes, une noblesse, des décorations. A ce point de vue l'on peut dire que Napoléon fut un génie réparateur, organe fidèle des sentiments de son époque.

Mais la restauration, énergiquement commencée par le premier Consul, faiblement soutenue par les Bourbons et par Louis-Philippe, n'est qu'ébauchée; et nous sommes un peuple logicien, un peuple qui aime à épuiser ses données et à suivre une piste aussi loin qu'elle puisse conduire. Or, que dit ici le sens commun? C'est que l'esprit de critique est toujours déchaîné, et qu'il s'agit de s'en rendre maître.

On a beau réprimer, intimider, avertir, sévir : la législation de la presse est de peu, la censure rien ; l'action des tribunaux ne sert qu'à activer le feu. D'un autre côté, il est évident que, avec la meilleure volonté du monde et en dépit de toutes les exhumations, nous ne pouvons rétrograder de deux siècles et refaire la société telle qu'elle était sous Louis XIV. Il faut ici deux choses : 1° substituer aux idées de 1789, aux croyances sérieuses du 17e siècle, des mœurs de fantaisie qui, flattant l'orgueil et la volupté, dispensent de toute philosophie, répandent le doute sur les institutions et fassent prendre en pitié les principes ; 2° opérer, si j'ose ainsi dire, la nation de la faculté de raisonner, lui faire la ligature du cerveau, en un mot exterminer la critique, en plaçant les idées sous la main de l'État.

La première partie de ce programme est à peu près remplie ; il n'y a plus qu'à laisser faire. L'esprit d'analyse, qui distinguait la France du dix-huitième siècle, a cédé la place au culte de l'art pur, de l'art sans conditions, sans soutien, conçu comme une création fantastique, affranchie de toute réalisation sociale. Nous ne sommes plus des chevaliers de l'idée ; nous sommes des adorateurs de l'*idéal*. Le droit et la morale, les lois de l'histoire et de la politique, n'ont de valeur, à notre jugement, qu'autant qu'ils servent de thème à cet *idéal*, devenu notre foi unique et notre unique amour. L'*idéal* est la religion de nos écrivains, quelque spécialité qu'ils cultivent, critiques, historiens, philologues, aussi bien que romanciers et poëtes. La révolution elle-même est devenue une fantaisie. La société française, comme toutes les sociétés qui se corrompent, ne croyant plus à rien, et à elle-même moins qu'à tout le reste, est devenue purement et simplement *dilettante* :

le plus prosaïque des peuples se croit artiste par excellence ; ni les principes, ni la justice, ne le passionnent plus. Le temps des idées est passé ; et l'écrivain qui discute, démontre, conclut, devant un public français, n'est plus aujourd'hui de son époque. Déjà même cet essor industriel dont nous étions si fiers se ralentit : nous avouons, ce que n'eussent pas accordé nos pères, que l'Allemand et l'Anglais nous surpassent pour la production de tous les objets de consommation usuelle et à bon marché ; mais personne ne nous égale pour les *articles de goût !* Aussi, tandis que les Anglais, dont le commerce égalait à peine le nôtre en 1788, font pour huit milliards d'affaires avec le dehors, nous atteignons à peine à la moitié ; bientôt, pour peu que nous suivions notre spécialité idéaliste, le libre échange aidant, nous nous verrons enlever notre propre marché !... Qui faut-il accuser de cette aberration des esprits ? Le pays ou le gouvernement ? Ni l'un ni l'autre. C'est un fait de psychologie sociale, comme *la sensibilité* de 93, la légitimité en 1814, la dévotion de 1825, le romantisme de 1832. On peut en marquer l'origine et le développement dans le courant de l'opinion ; on ne saurait en méconnaître la spontanéité.

Reste à exécuter la seconde partie du programme, la déroute de l'intelligence, si bien préparée par ce dilettantisme ramollissant. Il est évident que, le sens critique une fois oblitéré dans la nation, la Révolution est définitivement vaincue ; la France, prétendue artiste, qui s'imagine dominer le monde avec son *idéal*, est déchue ; Paris, que l'on proclamait le cerveau du globe, n'est plus que la capitale des marchandes de modes. Or, tel est précisément l'effet qui serait obtenu par la création d'une propriété intellectuelle. Qui ne croirait ici à une sorte de conseil? L'occasion est favorable, l'opinion de longue main disposée, la nation mûre pour cette décisive révolution; le conseil d'État est saisi, le Corps législatif appelé à déibérer; la presse, en majorité, a donné son assentiment. Pourtant on se tromperait si l'on concluait de cet ensemble à une initiative quelconque, et l'on peut admirer ici une fois de plus cette logique des événements que la religion populaire a nommée Providence, et qui fait que chaque manifestation de l'histoire, en bien et en mal, se produit à son heure.

### § 2. — Esprit de la loi sur la propriété littéraire.

Dans l'ancienne Égypte, le sacerdoce cumulait, avec le privilége des choses sacrées, celui de la science, de la littérature et des arts. Un des effets de ce privilége est resté visible aux regards de la postérité, dans l'uniformité de l'architecture et de la statuaire égyptiennes. A quinze et vingt siècles d'intervalle, les types ne changeaient pas. Le même caractère d'immobilité se reproduit dans les monuments de la Perse et de l'Assyrie, signe non équivoque de l'inféodation de l'industrie et des arts. On conçoit qu'avec de pareilles mœurs ces vieilles sociétés vécussent, pour ainsi dire, hors du temps. Un siècle était pour elles comme un jour : quelle gloire! Ceux qui admirent la longue durée de ces premières monarchies devraient au moins dire à leurs lecteurs à quelles conditions elle était obtenue. Devant une mort de quarante siècles, beaucoup prendraient le parti d'émigrer : la famine, le choléra, la guerre civile et l'inquisition réunis paraîtraient moins désolants.

Les partisans de la propriété intellectuelle nient qu'elle doive avoir pour résultat de neutraliser l'invention et d'arrêter le progrès en inféodant les idées et en détruisant la concurrence. Cette négation prouve leur innocence; elle ne fait pas honneur à leur perspicacité.

*a*) Je crois avoir démontré que les choses qui relèvent de la science et du droit, sont par nature non vénales; que les travaux des artistes et des gens de lettres participent de ce caractère de non-vénalité, et qu'indépendamment des considérations d'économie politique, qui ne permettent de leur allouer qu'un simple honoraire, la dignité de leur profession est un motif qui leur interdit d'exiger plus.

Or, ou la loi nouvelle n'aurait pas de sens, ou elle impliquerait que les professions si bien appelées *libérales* ne sont, à tous les points de vue, qu'une variété de l'industrie *servile;* que ces professions ont pour but, comme les autres, la richesse avant tout, partant la fortune des producteurs; qu'ainsi lesdits producteurs ont le droit de retirer de leurs œuvres le plus grand profit possible, en mettant à la communication de ces œuvres telles conditions qu'il leur plaît; qu'une de ces conditions peut être le privilége, à perpétuité, d'en vendre des exemplaires, de la même manière que la possession perpétuelle du sol est assurée au cultivateur, indépendamment du prix qu'il reçoit de ses produits; que soutenir la gratuité des œuvres de l'esprit, comme celle des actes de la conscience, serait attribuer aux écrivains et aux artistes un caractère qui ne leur appartient pas, faire d'eux les ministres du beau, du bien et du vrai, tandis qu'ils n'en sont que les colporteurs souvent inconscients, en tout cas désintéressés et non garants; qu'il n'est plus permis de dire, comme autrefois, que le poëte est le prêtre, l'associé et l'ami des dieux, tandis qu'il n'est qu'un marchand de cantiques et d'amulettes; et qu'à défaut par le législateur de pouvoir créer dans le domaine de l'esprit une propriété analogue à la propriété foncière, ce ne sera que justice s'il accorde à l'écrivain, en guise d'apanage, un monopole d'une durée illimitée.

C'est donc une déclaration de vénalité des œuvres de philosophie, science, littérature et art, tant pour le fond que pour la forme, que contiendra la loi. Ce premier pas franchi, voyons la suite.

*b*) Pour satisfaire à la cupidité de l'homme de lettres et lui conférer le monopole qu'il réclame, l'État, avons-nous dit, arbitrairement, contre toute règle de droit et tout principe d'économie, changera un contrat de vente en un contrat de rente perpétuelle. Or, en signant un pareil acte, le législateur aura fait pis que de payer à l'auteur un prix exorbitant, il aura fait abandon de la chose publique, du domaine intellectuel, et cela en pure perte, au grand dommage de la communauté.

Nous savons quel est le caractère de la production humaine, aussi bien en matière de philosophie, de littérature et d'art, qu'en fait d'industrie et d'utilité. Cette production ne consiste point en une création, dans le sens métaphysique du mot, ni des idées ni des corps, mais en une façon donnée à la matière et aux idées, façon essentiellement individuelle et passagère. Pour cette façon, et pour la priorité d'aperception qui parfois l'accompagne, vous délivrez à l'écrivain un droit qui embrasse l'idée en elle-même, c'est-à-dire ce qui est impersonnel, inamovible, commun à tous les hommes. Mais cette idée, aperçue, exprimée pour la première fois, je veux le croire, et dont vous faites si généreusement une propriété, elle eût été produite demain par un autre, peut-être plus mal, peut-être mieux ; elle eût été produite, dix ans plus tard, simultanément par plusieurs. C'est un fait que lorsque l'heure d'une idée est venue elle éclôt en même temps partout, comme une semaille, en sorte que la priorité de découverte, comparée à l'immensité de l'évolution humanitaire, se réduit à presque rien. C'est ainsi que le calcul différentiel a été découvert presque en même temps par Leibnitz, Newton et Fermat, puis, sur quelques indications du premier, deviné par Bernouilli. Voilà un champ de blé : pouvez-vous me dire l'épi qui est sorti le premier de terre, et prétendrez-vous que les autres qui sont venus à la suite ne doivent leur naissance qu'à son initiative? Tel est à peu près le rôle de ces créateurs, comme on les nomme, dont on voudrait faire le genre humain redevancier. Ils ont vu, exprimé ce qui était dans la pensée générale ; ils ont formulé une loi de nature, qui tôt ou tard ne pouvait manquer d'être formulée, puisque le phénomène était connu ; ils ont donné une figure plus ou moins belle à un sujet que l'imagination populaire, longtemps avant eux, avait idéalisé. En fait de littérature et d'art, on peut dire que l'effort du génie est de rendre l'idéal conçu par la masse. Produire, même dans ce sens restreint, est chose méritoire assurément, et, quand la production est réussie, elle est digne de reconnaissance. Mais ne déshéritons pas pour cela l'humanité de son domaine : ce serait faire de la science, de la littérature et de l'art un guet-apens à la raison et à la liberté.

*c*) La propriété intellectuelle fait plus que porter atteinte au domaine public; elle fraude le public de la part qui lui revient dans la production de toute idée et de toute forme.

La société est un groupe; elle existe d'une double et réelle existence, et comme collectivité, et comme pluralité d'individus. Son action est à la fois collective et individuelle; sa pensée est collective aussi et individualisée. Tout ce qui se produit au sein de la société dérive à la fois de cette double origine. Sans doute le fait de la collectivité n'est pas une raison suffisante pour que nous nous mettions en communisme; mais, réciproquement, le fait de l'individualité n'est pas non plus une raison de méconnaître les droits et les intérêts généraux. C'est dans la répartition et dans l'équilibre des forces collectives et individuelles que consiste la science du gouvernement, la justice.

Or, je vois bien ici la garantie donnée à l'individu; mais quelle part a-t-on faite à la société? Que la société doive à l'auteur la rémunération de sa peine, de son initiative, si vous voulez, rien de mieux. Mais la société est entrée en part dans la production; elle doit participer à la récolte. Cette part à laquelle elle a droit, elle l'obtient par le contrat d'échange, en vertu duquel compensation est faite du service rendu au moyen d'une valeur équivalente. La propriété intellectuelle, au contraire, donne tout à l'auteur, ne laisse rien à la collectivité : la transaction est léonine.

Tel est donc l'esprit de la loi proposée : 1° déclaration de vénalité à l'égard de choses qui par nature ne sont pas vénales; 2° abandon du domaine public; 3° violation de la loi de collectivité.

Passons à l'application.

§ 3. — Appropriation du domaine intellectuel.

La conséquence invincible, fatale, de ces prémisses, malgré toutes les réserves que ferait le législateur, malgré les protestations des postulants du monopole littéraire eux-mêmes, c'est que, par la concession à perpétuité de ce monopole, ce n'est pas seulement le travestissement d'un produit en propriété que l'on a opéré; c'est l'idée elle-même, l'idée universelle, impersonnelle, incessible, inaliénable, qui se trouve appropriée. Ici, en effet, le fond est inséparable de la forme, et l'un entraîne toujours l'autre. D'où la conséquence, qu'en dehors du livre monopolisé on ne pourra ni lire ni écrire; en dehors de la pensée de l'écrivain propriétaire, on ne pensera plus.

Prenons pour exemple le *Traité d'Arithmétique* de Bezout. Je suppose, pour la commodité du raisonnement, que Bezout est l'inventeur du système du numération écrite, des quatre règles, des proportions, des logarithmes, etc.

Bezout publie son *Arithmétique*, dont la loi lui garantit le privilége de vente à perpétuité. Défense sera donc faite à quiconque de publier une autre arithmétique; car il est évident qu'ici le fond emporte la forme; que les différences de rédaction ne sont rien; qu'il n'y a pas deux manières d'opérer; que les tables de logarithmes sont identiquement les mêmes; les signes, la langue, les définitions, aussi les mêmes. Donc, il n'y aura, pour toute la France, pour toute l'Europe, qu'un seul traité d'arithmétique, le traité de Bezout, et tous ceux qui voudront apprendre à calculer passeront par Bezout.

Disons-en autant des traités de géométrie, d'algèbre,

de mécanique, de physique, etc. Pour cette classe innombrable de publications, dont le mérite est tout entier dans l'idée, la concurrence sera détruite : j'entends ici par concurrence la faculté de reproduire en autres termes l'idée de l'inventeur. En deux mots, le fond emportant la forme, il n'y aura qu'un seul livre, par la raison décisive qu'il n'y a qu'une seule et même idée : *Una idea, unus auctor, unus liber.*

Changeons d'exemple : nous venons de voir comment, dans une création de l'intelligence, le fond emporte la forme; nous allons voir comment la forme emporte le fond.

En vertu de je ne sais quelle loi de 1791, confirmée dans ces dernières années par arrêt de cour impériale, les livres liturgiques sont devenus propriété épiscopale. Dans tel diocèse ils se vendent au bénéfice de l'archevêché ; dans tous les cas, nul n'a droit de les vendre qu'avec la permission du prélat. Une conséquence de cette appropriation, c'est que les livres de prières se ressemblent tous ; en sorte que le fidèle ne peut prier Dieu que suivant la forme prescrite, et dans les termes indiqués par le supérieur ecclésiastique. Il y a le *Bréviaire*, les *Heures paroissiales*, les *Anges conducteurs*, *Pensez-y bien* et autres ouvrages de dévotion usuelle, qui tous ne peuvent avoir cours que s'ils sont approuvés par Monseigneur. Ici, je dis que c'est la forme qui emporte le fond : en effet, quelle est la substance de ces livres? Une élévation de l'âme vers Dieu, qu'elle considère comme père, créateur, rédempteur, justificateur, juge, et à la fin rémunérateur et vengeur. Sur cette donnée si vague, si générale, si mystérieuse, il est clair que l'expression varie à l'infini, et que l'on peut faire des livres aussi différents entre eux que la *Batrachomyomachie* diffère de l'*Iliade*. Or, l'Église a pris le devant; elle a rédigé des formules de prières; elle a composé l'Office du matin et celui du soir, avec réserve d'en donner traduction et interprétation. C'est donc bien réellement la forme qui emporte ici le fond : la loi aidant, personne n'a le droit d'enseigner aux enfants à prier Dieu autrement, ni de répandre parmi les fidèles des formules d'adoration non approuvées.

Je dis maintenant qu'il ne serait pas difficile d'englober, dans l'une ou dans l'autre de ces deux catégories, savoir, les livres de science, dont le fond emporte la forme, et les livres de foi, dans la forme emporte le fond, toutes les productions de la littérature et de l'art; d'approprier, tantôt la forme en vertu de l'idée, tantôt l'idée en vertu de la forme.

Un ouvrage de philosophie, d'économie politique, de jurisprudence, qui serait reconnu classique, et dont les idées seraient originales, donnerait l'exclusion à tous les écrits du même genre, qui, variant leur rédaction, conserveraient la substance. Chacun sait que le plagiat ne consiste pas seulement dans le vol des phrases, dans l'usurpation du nom ou de la paternité; il consiste aussi, et cette manière de voler le bien d'autrui est de toutes la plus lâche, dans l'appropriation d'une doctrine, d'un raisonnement, d'une méthode, d'une idée. Il y a une *Philosophie* de Descartes, de Malebranche, de Spinoza, de Kant, etc.; une *Démonstration de l'existence de Dieu* de Clarke, une autre de Fénelon ; une *Morale* de Zénon, une autre d'Épicure, etc. Quelle razzia chez les libraires, dans les bibliothèques, si, en vertu du droit de propriété littéraire, tous contrefacteurs, imitateurs, copistes, citateurs et commentateurs allaient être évincés, et le privilége de publication et modification réservé aux vrais auteurs!

Notez que ce serait logique, utile même à certain point de vue, et moral. On mettrait un terme à l'invasion des médiocrités, fléau de la raison publique; on chasserait ces geais parés des plumes de l'aigle et du paon, et l'on imposerait une barrière au bavardage. Certes je préfère, bien que lente et souvent faussée, la justice de l'opinion à cette police; mais enfin, de telles exigences de la part des propriétaires seraient parfaitement fondées, et tôt ou tard le pouvoir, y trouvant son compte, y ferait droit.

Quant aux œuvres d'imagination, dont l'idée n'est pas précisément dans le choix du sujet, qui est peu de chose, mais dans l'expression donnée à un idéal, il y aurait lieu également à de larges exclusions.

On dit d'un artiste dramatique, par exemple, qu'il a créé un rôle: le véritable artiste ne se reconnaît même qu'à cette création, facile à constater. Pourquoi donc un artiste rival, habile à singer, mais incapable d'inventer, s'emparerait-il de la création d'un camarade, et jouerait-il les mêmes personnages, non d'après ses propres études, mais d'après les méditations d'autrui? Ce joueur de rôles créés par un autre n'est point un véritable comédien; c'est une *doublure*, que l'on supporte tant qu'elle se présente de bonne foi, mais qu'il faudrait chasser si elle tranchait de l'original. Or, voyez d'ici la conséquence: pour assurer les droits de l'artiste dramatique, aussi sacrés que ceux de l'auteur, il faudrait garantir au premier une redevance sur ceux qui lui emprunteraient sa mimique, chose impraticable, ou interdire la représentation, ce qui devient absurde.

Même observation pour la peinture, la statuaire, la poésie, le roman. On vole une idée poétique absolument comme on dérobe une formule d'algèbre ou une invention industrielle; il y a dans le monde des arts tout autant de gens vivant de cette piraterie que dans le monde des fabricants. Si la loi de propriété artistique et littéraire est appliquée sérieusement, elle devra prévoir tous ces cas de rapine; il y aura des jurys d'experts pour en connaître, et, la forme emportant toujours le fond, nous en viendrons, de fil en aiguille, à approprier jusqu'aux sujets de composition, comme firent les Egyptiens, dont les prêtres avaient seuls le droit d'exécuter, d'après les types convenus, les peintures murales, les bas-reliefs, statues, sphinx, obélisques, temples et pyramides. La logique conduit là, et rien n'est impitoyable comme la logique.

§ 4. — Continuation du même sujet : Inféodation, accaparement, favoritisme.

On vient de voir comment, de la conversion légale du produit littéraire en propriété rentifère on arrive à l'appropriation des idées elles-mêmes. Ce que j'ai dit n'était que pour la théorie : je vais montrer, au point de vue de la pratique, que rien ne serait plus aisé que cette appropriation. Sur plusieurs points déjà elle est effectuée.

Les ouvrages tombés dans le domaine public antérieurement à la promulgation de la loi continueraient, pensez-vous, de faire partie de ce domaine : ceux-là du moins seraient une digue contre l'extension et l'abus des nouvelles propriétés. Il n'en est rien : les anciens auteurs seront eux-mêmes appropriés, voici comment.

Un professeur, un inspecteur des études, ajoute à un

auteur grec ou latin une introduction, des notes, une biographie, un lexique. Son édition est déclarée la meilleure par le conseil de l'Université, et seule autorisée. Or, ces additions sont œuvre de génie, par conséquent propriété de l'éditeur. Permis à chacun de réimprimer le texte antique et de l'accompagner de telle glose qu'il lui plaira; mais défense de s'approprier le travail du commentateur en crédit. Qu'arrive-t-il? La concurrence s'arrêtant, l'accessoire emporte le principal, et les *Géorgiques*, les *Métamorphoses*, les *Lettres* de Cicéron, deviennent une source de revenu, à perpétuité, pour l'annotateur qui peut dire : Mon Virgile, mon Ovide, mon Cicéron. C'est ainsi, ou à très-peu près, que se fait en France le commerce des livres classiques.

L'abbé Lhomond, qui se dévoua à l'instruction de la jeunesse et qui mourut pauvre, donnait ses *Éléments* de la grammaire française pour 50 centimes. La grammaire de MM. Noël et Chapsal, plus étendue, coûte trois fois autant. On peut évaluer l'excédant des frais de publication de cette grammaire sur celle de Lhomond à 10 cent. Malgré l'énorme différence du prix, la grammaire de MM. Noël et Chapsal se substitua à toutes les autres; elle devint un objet de commerce considérable, auquel naturellement la contrefaçon ne manqua pas (1). J'ignore si elle a été remplacée à son tour : je parle de trente ans. Ce fut comme une métairie pour ces messieurs. Ne peut-on pas dire cependant qu'exerçant des fonctions supérieures dans l'Université, pour lesquelles ils recevaient d'honnêtes émoluments, ils

(1) En 1832, alors que j'étais compositeur d'imprimerie, je fus chargé par un mien patron de composer cette grammaire : c'était une mission de confiance. J'avoue que je n'ai jamais travaillé d'aussi bon cœur.

devaient en échange à l'État tout leur travail, d'autant plus qu'ils usaient naturellement de leur position pour faire passer leur grammaire? Mais non : on cumulait, l'État tolérait. Actuellement à la rémunération viagère s'ajoutera un privilége perpétuel. Donc, adieu les études grammaticales, la critique littéraire, la lexicographie, les humanités. Tout s'immobilise en s'appropriant. Comprenez-vous maintenant comment des écrits qui par eux-mêmes n'auraient pas dix ans de durée, s'imposeront pendant des siècles?... De temps à autre un ministre, jugeant que telle édition a vieilli, transportera à l'une de ses créatures le privilége de vente, comme on transporte une régie à un nouvel entrepreneur. Qu'aura-t-on à dire? D'un côté, l'État ne fera qu'user de son droit en déclarant que tel ouvrage lui paraît meilleur que tel autre; de l'autre, il respectera la concurrence et la propriété!...

Ce système d'inféodation peut s'appliquer de mille manières. La perpétuité d'exploitation au profit des auteurs établie, il est à croire que les ouvrages les plus importants, les plus populaires, n'entreront jamais dans le domaine public : les héritiers des auteurs ou leurs ayants droit préféreront user de leur privilége. Mais un écrivain médiocre, bien en cour, a fait un livre qui se vend mal; le gouvernement déclare l'utilité publique et exproprie le livre moyennant indemnité. Voilà le favoritisme transporté dans le domaine de la pensée libre, de l'art libre. Que dis-je? Voilà le vrai mérite coupé dans sa racine, neutralisé par une concurrence déloyale, suscitée au besoin par le gouvernement. Ou bien c'est un ouvrage hors ligne, qu'il serait dangereux de proscrire, mais qui heurte la pensée secrète et la politique du pouvoir : on déclare l'utilité publique, et l'ouvrage, expurgé, transformé, voire même supprimé, disparaît par l'expropriation.

Naturellement, il existe dans les œuvres de Voltaire, de Diderot, de Rousseau, de Volney, une foule de belles choses, des choses morales, vraies, utiles, que l'on n'aurait pas le courage de perdre. Si hostile que se montre le pouvoir à la philosophie, il se gardera bien d'un pareil vandalisme. En revanche, on ne saurait dissimuler qu'il se trouve dans ces mêmes écrivains nombre de pages surannées, entachées d'inexactitude et d'erreur, des passages licencieux et mauvais. Et puis, combien y a-t-il de bourses qui puissent se donner les soixante-dix volumes de Voltaire, les trente de Rousseau, les vingt-cinq de Volney, etc.? On satisfait à toutes les exigences, on écarte les inconvénients, au moyen d'*œuvres choisies* accompagnées d'analyses, de résumés, de notes critiques, d'appréciations générales. Ces œuvres choisies, encouragées, récompensées par le gouvernement, sont livrées à la consommation à des prix modiques : qui s'avisera de réimprimer les œuvres complètes? Rien de plus aisé, avec ce système légal, rationnel, moral même, que de faire un Voltaire chrétien, un Rousseau conservateur, un Diderot royaliste, etc. Chargez M. de Lamartine d'éditer Rabelais ou Lafontaine : vous verrez ce qu'il en fera (1).

(1) Avec la propriété littéraire, la critique littéraire devient impossible, condamnée qu'elle est elle-même au privilége et à la prostitution. Les vrais chefs-d'œuvre de littérature sont excessivement rares; et rien de plus aisé que de réunir, en un très-petit espace, tout ce qu'il y a de meilleur en un écrivain. Quarante ou cinquante chansons, au plus, sont tout Béranger; le reste, c'est-à-dire trois ou quatre cents, ne vaut que pour l'érudition. Sera-t-il permis à un critique, faisant un cours de littérature, de recueillir ces quarante ou cinquante petites pièces, qui, avec les critiques, les notices, etc., ne formeront pas, dans le cours, un quart de volume? Il y aurait à cela de graves inconvénients pour la propriété. Car il pourrait

Ainsi le pouvoir deviendrait maître de la vie et de la mort des écrits; il pourrait à volonté en perpétuer ou en abréger l'existence; il ferait et déferait les réputations : toute pensée, tout talent, tout génie, serait subordonné à son système. Aucune opposition ne tiendrait sérieusement devant lui. La propriété et l'expropriation, la concurrence et la critique lui seraient autant de moyens infaillibles d'arrêter toute pensée qui ne serait pas la sienne, toute manifestation contraire à son idée. La vie disparaîtrait de la littérature, de la philosophie et de l'art; et nous deviendrions comme l'antique Égypte, un peuple de momies, d'hiéroglyphes et de sphinx.

### § 5. — Publications périodiques.

Le premier qui eut l'idée de publier un journal, en France, fut un nommé Renaudot, médecin, fondateur de la *Gazette de France*, qui, commencée en 1634 sous le ministère de Richelieu et continuée par les fils de Renaudot, s'est conservée jusqu'à ce jour.

L'idée du journal, tant au point de vue littéraire qu'au point de vue industriel, était une idée éminemment breveable, appropriable. Voilà un homme à la fois savant, écrivain, imprimeur et libraire, qui imagine de donner chaque

arriver que l'on préférât l'*excerpta*, avec la critique, à la collection tout entière : dès lors plus de redevances, plus de propriété. Les meilleurs romans peuvent être traités de la même manière : cinquante pages de *Notre-Dame de Paris*, citées dans un cours de littérature, avec un compte-rendu analytique, dispenseraient de lire l'œuvre de Victor Hugo. Toute littérature tend à se condenser en une anthologie, toute philosophie à se résumer en quelques aphorismes, toute histoire à se réduire en une chronique raisonnée. D'autre part, l'œuvre littéraire étant un produit commercial, on ne sait jusqu'a quel point il serait permis de démonétiser un auteur, atteint, non plus seulement dans son amour-propre, mais dans ses intérêts. Que faire?...

matin au public, en une feuille de papier, le résumé des faits politiques, militaires, administratifs, judiciaires, académiques, scientifiques, artistiques, ecclésiastiques, littéraires; le compte-rendu de la bourse et des théâtres; la mercuriale; les accidents et sinistres; les nouvelles de l'étranger; des articles de critique, des annonces, etc. Est-ce que ce n'est pas là une idée merveilleuse, féconde, capable de donner les plus heureux résultats, non-seulement financiers, mais intellectuels et moraux?

En créant le journal, l'auteur a donc fait œuvre de génie; il a fait plus, il a créé tout un genre nouveau de littérature. S'il est un ouvrage qui rentre dans les conditions de la propriété, c'est assurément celui-là.

Ce n'est pas tout; pour atteindre son but et donner à son entreprise toute la perfection dont elle est susceptible, ce même homme a constitué une commandite; il a rassemblé des capitaux considérables; il s'est procuré un matériel immense. Ses rédacteurs, choisis parmi les lettrés les plus habiles, sont payés fort cher; il entretient dans tous les chefs-lieux de province et dans les capitales de l'Europe des correspondants attentifs; bref, rien n'a été par lui épargné de ce qui peut donner à sa feuille l'universalité et l'intérêt. Déjà il a pris ses mesures pour se créer des succursales en province, en établissant de petits journaux, véritables satellites de la grande planète parisienne. Pour satisfaire à toutes les exigences, à toutes les bourses, il aura un résumé hebdomadaire et un mensuel, donnant la substance du journal quotidien, ce qu'on nomme aujourd'hui *revue*.

En vertu du principe de priorité d'invention et d'appropriation littéraire, le roi accorde le privilége à perpétuité et pour toute l'étendue de ses états. Défense est faite à tous d'établir des journaux ou publications périodiques, qui, évidemment, ne pourraient être que des contrefaçons de la *Gazette*. Quoi de plus juste? Le prince ne ferait évidemment que consacrer l'œuvre du génie; il ne pourrait permettre que des corsaires, instruits par l'exemple, encouragés par le succès, vinssent se jeter à la traverse, et se conjurer pour la ruine de l'inventeur. L'excuse donnée par la contrefaçon, qu'elle ne rapporte pas les événements dans les mêmes termes, ni ne les envisage de la même manière, qu'elle contient même beaucoup de choses omises par le premier-occupant, que même il lui arrive souvent de l'attaquer, cette excuse, dis-je, ne serait pas admissible, puisqu'elle consisterait à faire du droit d'avis, d'information ou de rectification, accordé à tous à l'égard du journaliste, un droit d'usurpation de son industrie, de son idée.

Donc, voilà la nation française tout entière inféodée à la *Gazette*, ne pensant plus que par l'écritoire du sieur Renaudot, qui lui-même prend le mot d'ordre de Sa Majesté!... Les partisans de la propriété littéraire vont dire que j'exagère les conséquences de leur principe, pour me donner le plaisir facile de le renverser. Mais qu'ils daignent donc considérer ce qui se passe aujourd'hui.

[Par suite des conditions imposées à la presse, les journaux sont devenus des officines de la plus dangereuse espèce, non seulement pour le pouvoir, à qui d'ailleurs elles ne font pas grand mal, mais pour le pays, qu'elles ne renseignent qu'à moitié, pour les partis et les opinions qu'elles sont censées représenter. Et pourtant la propriété n'est pas déclarée, la concurrence existe; en un sens, il n'y a pas privilége.

L'autorisation de publier un journal, accordée par le ministre, peut équivaloir à un cadeau de 100,000 fr. C'est comme une concession de dock ou de chemin de fer. Un journal est un brevet d'existence donné par le pouvoir à une opinion, à un parti, de même que la suppression est un coup de mort] (1).

Le journalisme monopolisé tient dans sa main la politique, les affaires, la bourse, la littérature et l'art, la science, l'Église, l'État. Autant de sources de profit : une insertion vaut de l'argent, une annonce de l'argent ; un compte rendu, favorable ou défavorable, — il y a toujours une partie qui paye, — de l'argent ; une réclame, beaucoup d'argent. Là, la vérité, la justice, le sens commun ont cessé d'être gratuits : ce sont, comme le mensonge, la partialité, le sophisme, l'éreintement, des services qui ne se donnent pas pour rien. La société, à défaut d'une opinion libre et souveraine, reposant sur l'intrigue et l'agiotage : tel est le paradis du journalisme vénal, cultivant à la fois la servilité politique, la spéculation bancocratique,

(1) Deux alinéas supprimés par les censeurs officieux. Or, remarquez ceci : le premier de ces alinéas tombe d'aplomb sur la presse même, accusée d'infidélité par suite de l'industrialisme dont elle est l'objet : c'est un trait qui n'est point à l'adresse du gouvernement. En sorte que nous voyons ici un imprimeur qui, sous prétexte d'élaguer d'un écrit tout ce qui pourrait lui attirer des poursuites, se permet de retrancher encore tout ce qu'il juge contraire à l'honorabilité de sa profession. Bientôt il exigera la suppression de tout ce qui contrarie ses opinions et sa foi. Est-il clair à présent que le respect du pouvoir n'est pas le seul motif qui anime les maîtres de la publicité, et que, tandis qu'ils accusent les exigences du gouvernement, ils font de la répression pour leur compte?

Le second alinéa est le simple énoncé d'un fait. Toute restriction entraîne privilége : je ne veux pas dire autre chose. N'est-il pas de notoriété publique qu'une foule de gens ne sollicitent des concessions que pour les escompter, et que la religion du pouvoir est chaque jour surprise? J'aurais pu citer des exemples : je n'ai voulu médire de personne. La discrétion dont j'use à l'égard des individus s'étend au gouvernement.

la réclame industrielle et littéraire, l'intrigue rationaliste, le *pouf* philanthropique et toutes les variétés du charlatanisme. [En ce moment et grâce à la législation existante, nous ne sommes qu'en purgatoire : décrétez la propriété littéraire, nous entrons dans la damnation éternelle] (1).

### § 6. — D'un impôt sur la propriété littéraire.

L'idée de propriété appelle celle d'impôt. Si la paternité littéraire est assimilée à la propriété foncière, cette paternité, produisant des rentes, est passible de contribution. Cette contribution, pour être juste, devra exister sous deux formes : l'une directe et fixe, proportionnelle à l'étendue ou superficie de la propriété ; l'autre indirecte et variable, proportionnelle à l'importance de l'exploitation. Si un ouvrage ne rendait pas de quoi payer même sa contribution directe, abandon en serait forcément fait par l'auteur, comme d'une terre stérile : on constaterait ainsi la mort naturelle des écrits. L'État, devenu, par la désertion du propriétaire, héritier de l'œuvre, en ferait ce qu'il lui plairait : il l'enverrait au pilon ou au grenier, ou bien la livrerait à un arrangeur, qui tirerait des matériaux le meilleur parti.

L'idée d'une taxe sur les produits de l'intelligence n'a rien qui effarouche les partisans de la propriété littéraire. « Pourquoi, demande M. Hetzel, n'aurait-elle pas ses » charges, comme toutes les autres propriétés? Ne vaut-il » pas mieux avoir une propriété imposée, sujette même à

(1) Trois lignes supprimées par les censeurs officieux. Que le lecteur veuille bien se reporter à la note de la page précédente : il verra que ce n'est pas tout à fait par crainte du pouvoir et par respect de l'administration que l'on exigeait ce retranchement.

» des servitudes, qu'une propriété temporaire, et par con-
» séquent niée dans son principe ? »

C'est comme si l'on disait : Ne vaut-il pas mieux avoir un bel et bon majorat de 50,000 fr. de rente, quitte à payer 5,000 fr. au fisc et à faire 15,000 fr. de frais de représentation, que de vivre de sa demi-solde?

M. Hetzel, qui croit avoir résolu le problème de la propriété littéraire, parce qu'en sa qualité de libraire-éditeur il a indiqué un moyen, plus ou moins commode, d'établir et de percevoir les droits d'auteurs, prouve ici de la façon la plus naïve ce que je lui ai dit à lui-même, que pas plus que MM. Alphonse Karr, Alloury, Pelletan, Ulbach, etc., il ne sait le premier mot de la question. Il part du fameux principe de M. Karr : *La propriété littéraire est une propriété;* et, cette calembredaine érigée en aphorisme, il montre comme quoi il ne serait pas difficile d'assurer aux auteurs, à perpétuité, tant pour cent sur les ventes. Mais il s'agit précisément de savoir *si la propriété littéraire est une propriété,* comme dit M. Alphonse Karr, c'est-à-dire, parlons français en français, si la production littéraire peut donner lieu à une propriété analogue à la propriété foncière. Or, c'est justement le contraire que nous avons démontré, d'abord par l'économie politique, puis par l'esthétique; et c'est ce dont l'hypothèse d'une contribution sur les œuvres de l'esprit va nous faire sentir une fois de plus la haute inconvenance.

Rappelons une dernière fois ce que nous avons surabondamment expliqué, que les produits de la littérature et de l'art appartiennent à la catégorie des choses non-vénales, des choses qui se corrompent par le trafic, et qui répugnent invinciblement à toute fin intéressée. Je ne reviendrai pas sur ce que j'ai dit à ce sujet : ce sont de ces vérités qui ne se démontrent pas directement par syllogisme ou par *a* plus *b*, mais qui se déduisent de la nécessité sociale, et se sentent, pour peu que l'on ait de sens moral, aussi certainement que l'on sent l'indignation, le repentir ou l'amour. Or, un impôt sur la science, la poésie, les beaux-arts, serait le pendant d'un impôt sur la piété, sur la justice et la morale, ce serait la consécration de la simonie, de la vénalité judiciaire et du charlatanisme.

Je crois volontiers que nous ne sommes pas, au fond, pires que nos aïeux; mais je ne saurais non plus me refuser à l'évidence, et ne pas reconnaître qu'il y a présentement dans les âmes un trouble profond. Nous avons perdu cette délicatesse de sentiment, cette susceptibilité d'honneur qui à d'autres époques distinguaient notre nation. L'indifférence religieuse et politique, le relâchement de la morale privée, par-dessus tout l'invasion de l'utilitarisme sous un vernis d'idéal, ont dépravé, oblitéré en nous tout un ordre de facultés. L'idée de vertu gratuite est au-dessus de notre intelligence comme de notre tempérament ; avec cette idée se sont envolés la dignité, la liberté, la joie et l'amour. Nous comprenons à merveille que nous ne pouvons pas donner notre labeur pour rien ; mais qu'à l'inverse de cette loi de réciprocité économique nous nous devions les uns aux autres respect, vérité, charité, bon exemple, et cela sans espoir de salaire, *nihil indè sperantes ;* que la probité en affaires ait pour fondement une justice tout à fait désintéressée, et que telle soit la loi de la communauté humaine, c'est ce qui n'entre plus dans notre entendement. Nous ramenons tout à l'utile ; nous voulons être payés de tout. J'ai connu un journal qui pratiqua six mois la probité, la véracité et l'impartialité, afin de vendre ensuite plus cher son silence et ses réclames. Cette maxime que *l'on ne respecte que ce qui ne se paye pas*, est devenue pour notre raison pratique un paradoxe. C'est pourquoi, en posant le principe de la non-vénalité des produits de notre faculté esthétique, comme de ceux de notre faculté juridique, et en déduisant de ce principe l'immoralité d'une propriété intellectuelle et d'un impôt sur le commerce artistique et littéraire, je ne puis en dernière analyse que faire appel au sens intime de mes lecteurs, leur déclarant franchement que, au cas où leur âme aurait cessé de vibrer à cet appel du beau, du juste, du saint et du vrai, je serais à leur égard sans aucun moyen de conviction. Mes raisonnements seraient en l'air; j'aurais perdu mon temps et mes paroles.

Je répète donc que ce qui serait vrai pour le chrétien d'un impôt sur la messe et les sacrements, savoir, qu'un semblable impôt serait impie et odieux, serait vrai au même titre, sinon peut-être au même degré, d'un impôt sur l'instruction, sur les livres d'école, par suite sur la diffusion de la science, de la philosophie, de la littérature et des arts. C'est par ce côté que les droits de timbre sur les journaux, le cautionnement qui leur est imposé, les rétributions universitaires, sont reprochables. Il est possible que l'impôt sur les livres n'en arrête pas d'abord la circulation : avec le temps, l'effet moral sera terrible. En décidant, par le double fait de l'appropriation et de l'impôt, que toutes les choses qui jusqu'à ce jour avaient paru sacro-saintes aux nations, inviolables au fisc, étrangères au trafic, seront à l'avenir réputées choses d'utilité simple, partant vendables, imposables, appropriables, vous aurez d'un trait de plume produit dans l'ordre moral la plus épouvantable révolution. Devant le fisc, impassible comme le Destin antique, supérieur à la raison, à la conscience, à l'idéal, tout sera matérialisé, fatalisé et ravalé. Il n'y aura plus rien que l'on puisse appeler beau, généreux, sublime et sacré : tout sera pesé dans la balance mercantiliste, évalué à prix d'argent, estimé d'après la jouissance. La poésie et l'éloquence, de même que la morale, cultivées en vue du gain, ne vaudront que pour le gain; la probité non payée sera réputée une probité de dupe. Et comme le Code civil, le Code pénal, le Décalogue et l'Évangile, en prescrivant à l'homme ce qu'il doit faire et ne pas faire, n'ont point assigné de rémunération à leurs observances, et qu'il s'en faut que tout le monde admette, avec Bentham et l'école utilitaire, que la justice soit toujours profitable, le délit et le crime deviendront de simples faits de contrebande. La probité ne sera qu'une manière d'entendre les affaires : quelle simplification! Le juif se retranche le prépuce, en signe d'affranchissement de la chair et de renoncement à l'impureté; nous, à qui le Christ a recommandé la circoncision du cœur, nous nous retrancherons la dignité, la vertu, et cet idéal fortifiant qu'elles révèlent. Nous réaliserons l'ironie d'Horace, faisant de la philosophie une étable à pourceaux, et, tout glorieux de notre turpitude, nous tomberons en extase devant ce progrès!

Je doute que ces réflexions soient comprises de mes adversaires. Non que je suspecte leur moralité : à Dieu ne plaise que la conscience soit chez eux aussi bas tombée que le jugement! Ce que j'accuse en eux est l'abus de la phraséurgie qui leur a fait perdre l'acuité et la rectitude de la raison. La littérature, dans le milieu intellectuel où ils vivent, n'est autre chose qu'un article de la confection parisienne; l'art, un commerce de bimbelots. Enivrés de leur propre faconde, ils prennent pour des découvertes les défaillances de leur raison. Quiconque essaye de leur dessiller les yeux est par eux traité de *sophiste*, et plus ils divaguent, plus ils se posent en inspirés. Ne les entendez-vous pas chaque jour protester contre les charges, servitudes et entraves de la presse? Prenez garde! ce n'est pas pour la vérité et le droit qu'ils combattent, c'est pour leur industrie. Ce beau zèle qu'ils montrent pour la presse libre ne les empêche pas de demander en faveur de l'écrivaillerie des redevances perpétuelles, sauf les taxes à prélever par l'État. Ils rougiraient de leur contradiction s'ils la pouvaient voir; heureusement, et c'est ce qui fait leur innocence, ils sont aveugles (1).

(1) Je n'ai parlé, dans ce §, de l'impôt sur la propriété littéraire qu'au point de vue de son influence sur les idées et les mœurs. Il y aurait à dire aussi quelque chose de l'influence de cet impôt sur la librairie, dont la liberté n'est pas déjà très-grande, et qui en aurait encore moins.

Naturellement, la perception de l'impôt se ferait chez les débitants, qui s'en couvriraient soit sur les auteurs, soit sur le public. Ajoutant au montant de la taxe les droits d'auteur, payables d'avance, à raison de 8 à 12 pour 100 du prix fort, on arriverait, pour l'impression d'un volume à 3 fr., tiré à 1,000 exemplaires, à une moyenne de 300 fr., impôt et redevance, à fournir par le libraire avant toute rentrée de fonds. Pour peu qu'un éditeur publiât ou réimprimât dix volumes semblables en un an, ce serait une mise hors de 3,000 fr. dont il aurait grevé son commerce; que serait-ce, s'il s'agissait d'éditions à 5,000 et 10,000; de volumes à 6 fr., d'ouvrages en plusieurs volumes et de réimpressions plus nombreuses? Ce n'est plus par mille, c'est par centaines de mille francs que se compteraient les avances des éditeurs. Combien de maisons sont en mesure de supporter de pareilles charges? Supposez que, pour plus de garantie, le gouvernement impose aux libraires un cautionnement : voilà le commerce des livres tombé en privilége.

### § 7. — Constitution de la propriété industrielle à l'instar de la propriété littéraire : rétablissement des maîtrises et corporations.

La création d'une propriété littéraire analogue à la propriété foncière a pour conséquence forcée la reconstitution des priviléges industriels, ce qui implique, dans un laps de temps fort court, le rétablissement de tout le système féodal.

Il est clair que la forme donnée à la pensée par l'écrivain n'a rien de plus personnel et de plus sacré que la formule du savant ou l'invention de l'industrieux, et que si une redevance perpétuelle peut être accordée à la première, elle ne pourra être refusée aux deux autres. Toutes les réserves exprimées à cet égard par les avocats de la propriété littéraire, que cette conclusion étrangle, sont pur verbiage. C'est au surplus ce qu'entendait le prince Louis-Napoléon, lorsqu'il écrivait à Jobard, prêchant pour la perpétuité des brevets d'invention, les paroles que nous avons citées : « L'œuvre intellectuelle est une propriété » comme une terre, comme une maison ; elle doit jouir » des mêmes droits, et ne pouvoir être aliénée que pour » cause d'utilité publique. »

Il n'est pas un métier qui ne soit aujourd'hui flanqué ou assailli de plusieurs inventions brevetées. Ces brevets, transformés selon le vœu de Jobard en propriétés, constitueraient autant de priviléges d'exploitation, de véritables maîtrises, avec cette différence qu'autrefois la maîtrise était un fief régalien, tandis qu'aujourd'hui elle aurait pour origine une prétendue propriété.

En premier lieu, on ne saurait nier que, avec la perpétuité du privilége, la concurrence ne reçoive un coup mortel. Ce qui soutient la liberté industrielle et commerciale, c'est que les brevets sont à terme, et, au bout de quelques années, tombent dans le domaine public. Les industriels, fabricants et manufacturiers non brevetés, réduits aux procédés communs, font les plus grands efforts pour se soutenir jusqu'à l'expiration du privilége, expiration qui est pour eux la délivrance. Quelquefois ils deviennent inventeurs à leur tour; souvent aussi l'invention brevetée reste impuissante, soit que ses produits ne répondent pas à la demande, soit que l'application soit prématurée, mal calculée, faite dans des conditions défavorables. Quoi qu'il en soit, le brevet d'invention temporaire et la concurrence agissant l'un sur l'autre comme deux cylindres qui tournent en sens inverse, entretiennent le travail et engendrent le progrès. Il y a bien des inventeurs malheureux, je le confesse; il y en a d'indignement dépouillés; trop souvent une invention utile est stérilisée; d'autres fois elle enrichit de misérables spéculateurs après avoir ruiné l'inventeur. Tout cela est affaire de réformes à introduire tant dans la législation des brevets que dans l'économie générale et dans les mœurs. Ce qui importe, c'est de donner satisfaction égale à la liberté et au génie, et de faire que, par leur concours, l'initiative individuelle, le bon marché des produits, la prospérité publique, soient entourés des plus fortes garanties.

Mais, devant une perpétuité de brevet, qui aurait pour résultat inévitable de sacrifier l'une des deux forces économiques à l'autre, la liberté au génie, la concurrence découragée s'arrêterait bientôt, et, pour avoir trop donné à l'invention, nous tomberions dans l'immobilisme. — Non, s'écrie Jobard; contre les inventions brevetées à perpétuité, vous aurez à perpétuité la concurrence des inventions nouvelles. — Cette réponse, qui au premier coup d'œil paraît satisfaire la théorie, tombe devant la pratique.

Triptolème invente la charrue; c'est l'araire, encore en usage dans quelques pays. L'araire est un instrument qui se compose, 1° d'un soc pointu, emmanché comme un crochet au bout d'une perche, et destiné à soulever la terre horizontalement, en dessous; 2° de deux oreilles, qui poussent à droite et à gauche la terre soulevée, sans la retourner. Pour cet outil, Triptolème obtient brevet d'invention, avec privilége de fabrication et de vente. Plus tard, l'imperfection de l'araire est reconnue. Un laboureur y ajoute, en avant du soc, un coutre, destiné à couper verticalement la terre; il élargit le soc d'un côté, supprime l'une des deux oreilles, ajuste et contourne l'autre de telle manière que la bande de terre, coupée verticalement par le coutre et horizontalement par le soc, est renversée sur son axe par l'oreille et mise sens dessus dessous. Un troisième installe l'instrument sur deux roues, et ajoute quelque amélioration de détail. Chacun de ces inventeurs est breveté à son tour, comme le premier, avec privilége de fabrication, ou droit à une redevance perpétuelle. Sur quoi je fais observer trois choses.

D'abord, au point de vue de l'art agricole, considéré en lui-même, ces inventions successives ne se font pas réellement concurrence : elles se complètent l'une l'autre, s'appellent, se soutiennent; de telle sorte que, si la charrue perfectionnée de Mathieu de Dombasle l'emporte de beaucoup sur l'araire de Triptolème et lui fait rude concurrence, au regard du public, obligé de payer à l'un et à 'autre la redevance, les choses se passent comme s'il n'existait qu'une seule et même invention, un seul et même privilége.

La conséquence sera que les inventeurs qui ont concouru tour à tour à la construction de la charrue, au lieu d'exploiter séparément chacun son idée, s'associeront pour la fabrication des charrues et araires, formeront une Compagnie de charronnage en nom collectif et commandite, pour la fourniture des instruments aratoires à tous les pays où se pratique le labourage. Ou bien encore ils concéderont, à prix d'argent, le droit de fabrication, pour des circonscriptions déterminées, à des compagnies d'entrepreneurs. Voilà les maîtrises dûment constituées, toute une corporation créée, la corporation des charrons fabricants de charrues et d'araires. Vienne maintenant la charrue à vapeur, elle sera bien accueillie : ce sera un participant de plus, il est vrai, mais aussi un surcroît de bénéfice pour la Compagnie.

Dernier résultat de la charrue simple et perfectionnée dans le système des brevets perpétuels : les petits cultivateurs, qui ne pourront lever charrue, entretenir un attelage et payer les redevances, forcés de labourer à la bêche, seront ruinés par la concurrence des gros laboureurs, produisant à meilleur marché, grâce à l'étendue de leurs exploitations, et couvrant largement leurs frais. La question de progrès se trouve ainsi transformée en une question de capital; d'un côté l'art agricole gagne, de l'autre la fortune du petit peuple est compromise. On est parti de l'égalité; et voici que la propriété industrielle met en péril la propriété foncière; le travail est rendu impossible au pauvre; la petite culture fait abandonner la terre; si bien qu'en dernière analyse, là où il y avait cent petits propriétaires, il n'existe plus qu'un seigneur terrien, [feudataire de l'empire, sénateur, et décoré de tous les ordres] (1).

Or, remarquez que ces conséquences sont en parfait rapport avec le principe : elles sont désastreuses, pourquoi? parce que le principe est essentiellement faux. L'araire de Triptolème n'était déjà qu'un perfectionnement, digne, si vous voulez, de l'immortalité, mais qui ne méritait pas à coup sûr une perpétuité de privilége. L'idée fondamentale de la charrue est bien plus simple encore que l'araire : elle consiste à ouvrir la terre, ou pour mieux dire à la *rayer* profondément, c'est le vrai sens du mot *arare*, au moyen d'un croc, en procédant par traction au lieu de procéder par impulsion, comme fait le porc avec son groin, ou le jardinier avec sa bêche. Allez donc breveter une pareille idée? Déclarez, si vous l'osez, qu'il est défendu, à moins de payer redevance, de gratter et creuser la terre, en tirant un pic ou croc, parce que ce serait une contre-façon!... Mais, l'idée première donnée, et elle est aussi vieille que le monde, le reste s'ensuit. La série des perfectionnements ou inventions se déroule comme un raisonnement : empêcherez-vous encore l'individu de raisonner? Donc s'il est juste d'encourager et récompenser l'intelligence dans l'individu, il est absurde de l'interdire dans les masses, et c'est ce que l'on fait par la perpétuité. Ce n'est pas, encore une fois, l'individu qui invente et qui crée : c'est l'industrie humaine, dont les principes et toute

(1) Dix mots rayés par la censure officieuse. J'en fais le lecteur juge. S'il y a offense, je confesse mon péché : quant à moi, j'ai pensé à tout autre chose.

la théorie sont impersonnels, anonymes, qui se déroule.

Autre exemple; ce sera le dernier.

Guttenberg est breveté pour son invention des caractères mobiles; Fust et Schœffer le sont à leur tour pour la fonte des caractères. Naturellement ces inventeurs ont besoin l'un de l'autre; ils s'associent. Privilége leur est accordé, à perpétuité, d'imprimer des livres, de fabriquer des caractères et des presses, comme de céder à d'autres, moyennant remboursement et pour des localités déterminées, le droit d'imprimer, de fondre, de faire le commerce des livres imprimés et des instruments servant à l'imprimerie. Plus tard, aux balles on substitue le rouleau; on cliche; on remplace la presse en bois par la stanhope et la colombienne; enfin, on construit la presse mécanique. Tous ces inventions viendront se grouper autour de l'invention primitive, et de nouveau nous avons corporation et maîtrises, la corporation des typographes, avec ses maîtres, compagnons et apprentis. Arrive Sennefelder : la lithographie va faire concurrence à la typographie? Non : les imprimeurs sur mobile ou leurs ayants droit traitent avec l'imprimeur sur pierre, et les anciens privilégiés s'intitulent : *Imprimeurs et lithographes*, au choix du public.

Un des sujets de plainte des amis de la liberté est le privilége conservé depuis 89 pour la librairie et la typographie. Mais ce qu'on n'a pas vu, c'est que ce privilége peut devenir un excellent moyen de police. Supposez la propriété intellectuelle en vigueur, les gouvernements n'auraient presque rien à faire de ce côté. Dans un système de féodalité industrielle, les maîtres-imprimeurs seraient nobles; ils feraient partie de l'aristocratie; autant et plus que le roi, ils seraient intéressés à la conservation de l'*ordre*. Il suffirait de laisser agir les priviléges, priviléges d'auteurs et priviléges d'imprimeurs, et la police de la presse serait faite par les maîtres et propriétaires aussi bien que par la censure.

Les journaux ont parlé, dans ces derniers temps, d'une pétition des ouvriers typographes, demandant le rétablissement des corporations, et d'une autre pétition des maîtres, réclamant la censure. Le motif allégué par les premiers est la concurrence des femmes, qui, employées au travail de la composition, font baisser le salaire des hommes ; la raison des autres est le risque de condamnation. Nous sommes sur la pente : établissez la propriété littéraire, et de l'avis de tout le monde, gouvernement, lettrés, maîtres et ouvriers, nous voilà revenus au régime féodal !...

Ici encore je répéterai l'observation faite plus haut à l'occasion de la charrue : A faux principe, conséquences funestes. Pourquoi cette perpétuité de monopole à Guttenberg et à ses associés ? Est-ce que l'idée fondamentale de l'imprimerie, savoir, la mobilisation des caractères, ne devait pas résulter tôt ou tard de l'art d'imprimer sur des planches solides, art connu bien avant Guttenberg, et qui constitue la typographie chinoise ? Est-ce que cette mobilisation des types n'était pas donnée, *à contrario*, dans leur solidité même ? Est-ce que ce n'est pas un des procédés les plus familiers de l'esprit humain, de prendre sans cesse l'envers ou le rebours des choses, de renverser les idées, de retourner la routine, de contredire la tradition, comme fit Copernic quand il changea l'hypothèse de Ptolémée, comme fait le logicien, qui procède tour à tour par induction ou déduction, par thèse ou antithèse? Quant aux perfectionnements successifs, ils sont le développement de l'idée mère, une série aussi inévitablement donnée dans cette idée, que l'idée elle-même était donnée dans sa contraire.

Ce que je dis de l'imprimerie et du labourage, il faut le dire de tout métier, de toute industrie et de tout art. Chacun forme une série d'opérations qui s'engrène dans une autre : de telle sorte que, si l'on devait appliquer à tous les cas qui le requerraient le principe d'appropriation, la masse des populations se trouverait dans la dépendance de quelques milliers d'entrepreneurs et maîtres brevetés, formant l'aristocratie de la production, du crédit et de l'échange. Ce serait comme si l'on avait établi une prescription contre l'intelligence au profit du monopole.

Ainsi le principe de la propriété intellectuelle conclut droit à la servitude de l'esprit et à restauration du régime féodal. Pas une industrie, pas un métier qui, affranchi depuis des siècles, ne puisse être monopolisé au moyen de quelques brevets d'invention ou de perfectionnement. Ce qui n'empèche pas les partisans de la propriété intellectuelle d'être en même temps partisans de la libre concurrence et partisans du libre échange : accordez ces contradictions si vous pouvez.

### § 8. — Influence du monopole littéraire sur la félicité publique.

Je crois avoir suffisamment expliqué, pour tout homme dont la pensée n'est pas emprisonnée dans le cercle des intérêts matériels, comment la création d'une propriété artistique et littéraire est la négation des idées supérieures qui font la dignité de l'homme, en l'affranchissant des servitudes de la chair et du ménage. Je veux montrer à présent comment cette même propriété mettrait le sceau à la démoralisation, en aggravant le paupérisme.

Autrefois, — j'ai assez d'âge pour en avoir été témoin, — avant que le mercantilisme et ses procédés usuraires eussent tout envahi, les relations de services et d'intérêts entre les diverses classes de la société avaient un caractère bien différent. La manière de vendre, de livrer, de traiter, était incomparablement plus douce. Chacun faisait bonne mesure : le commerçant, l'artisan, le journalier et le domestique, personne n'épargnait sa peine. La balance penchait toujours du côté du payant; on ne regardait pas à cinq minutes ni à un centilitre; on gagnait largement ses gages, et sa journée, et sa commission. Les patrons, entrepreneurs et maîtres à leur tour, en usaient de même avec leurs ouvriers, commis et domestiques : il y avait, outre le salaire payé, des gratifications, pourboires et épingles, dont l'usage s'est conservé, mais en devenant partie intégrante du prix et obligatoire. Le marchand en gros et en détail faisait bon poids, mesure comble, ajoutant à la douzaine, au cent, au mille. De là les 13/12 et même 14/12 des libraires : mais prenez garde, ce n'est plus largesse, c'est chose due.

L'effet de ces mœurs, généralement observées, était un accroissement positif de la richesse publique. C'était comme si chaque producteur d'utilité, depuis le domestique et le manouvrier jusqu'au grand industriel, avait fait don à la masse, en sus de ce qu'il était tenu de livrer, d'un boni de dix ou quinze minutes de travail par jour, et le rentier d'une part équivalente de son revenu quotidien. Et remarquez ceci : cette libéralité à l'égard du prochain s'accompagnait d'un grand esprit d'économie. On se permettait peu de luxe, plus avare pour soi-même afin de n'être pas chiche avec les autres. Là était une des causes du bon marché et du bien-être ; là aussi une des sources de la moralité. On travaillait, on économisait davantage ; on jouissait, et l'on pillait moins. En résultat, on s'en trouvait plus vaillant et meilleur, ce qui veut dire plus heureux. L'avidité écartée, ni insolence, ni bassesse ; point de grappillage chez les petits, point de rapine chez les grands ; peu de coulage dans la société ; les prévisions de l'entrepreneur, du père de famille, se trouvaient justes. La munificence envers les autres avait son article dans le moindre budget. On n'était pas trompé dans ses dépenses : car, après avoir calculé sur le prix et la quantité convenus, on était sûr que l'imperceptible déficit qui accompagne toute production, acquisition, transport, consommation, et qui en se répétant devient un fardeau, était couvert par la remise insignifiante dont alors on ne parlait pas.

Tout cela est changé, au grand détriment du pays et de chacun, comme il est aisé de voir. L'esprit nouveau du commerce, où tout se suppute par francs, centimes et fractions de centimes ; où la grande maxime est que *le temps est de l'argent*, et que chaque minute a son prix ; cet esprit de trafic mesquin et d'âpre agiotage a changé les conditions du bien-être, et aussi la moralité. Nous sommes devenus ladres, par suite larrons. *A chacun le sien*, disons-nous ; et nous interprétons cet axiome d'éternelle justice par un mesurage d'une désespérante exactitude. Rien de moins, l'honnêteté le commande ; mais rien de plus que ce qui a été convenu, exprimé par les chiffres, et qui est strictement dû. Naturellement, cette précision idéale, impossible à réaliser, tourne au détriment de celui qui paye. Le domestique trouve qu'il en fait toujours trop et que le maître est en reste; il se lève et se couche à ses heures, se réserve un jour de sortie par quinzaine, exige des étrennes, recueille dans le ménage tout ce que le maître est censé négliger, obtient des remises des fournisseurs, s'enrichit enfin d'un coulage qu'il a lui-même provoqué et qu'il est loin de compenser par ses services. L'ouvrier et le commis comptent les instants ; ils n'entreront pas à l'atelier avant le coup de cloche; ils ne donneront pas une minute de plus à la besogne ; et, comme le patron déduit un quart de journée à celui qui est en retard, l'ouvrier à son tour refuse le plus léger supplément de peine, exige qu'on lui solde tout, minutes et secondes. Les façons se ressentent de ce mauvais vouloir ; le travail est négligé, mal fait. On fraude, en sécurité de conscience, sur la qualité, et l'on s'enhardit de la sorte à frauder sur la quantité ; le déchet et la malfaçon sont rejetés de l'un sur l'autre; tout le monde, avare de son service, fait mauvais poids, fausse mesure, trompe sur le titre et sur la qualité. Celui qui a reçu une pièce fausse ne la clouera pas sur son comptoir; il la glissera dans ses payements. L'homme employé *en conscience*, c'est-à-dire à la journée ou à la semaine, remplit mal ses heures. L'ouvrier aux pièces, pour en faire davantage, néglige l'exécution ; c'est, comme dit le peuple, un *massacre*. Toute cette malversation aboutit à un déficit général inaperçu d'abord, mais qui se traduit à la longue en cherté et appauvrissement. C'est comme si chacun des individus qui concourent à la production, homme ou femme de service, travailleur de la ville et de la campagne, commis, employé, fonctionnaire public, rentier, etc., enlevait à la masse l'équivalent d'un quart d'heure, plus ou moins, de travail par jour. Portez à 10 centimes le prix de ce quart d'heure, et à 25 millions pour la France le nombre des individus faisant quotidiennement acte de production ou d'échange : vous aurez, au bout de l'an, une somme de 912,000,500 francs, à passer par profits et pertes. A elle seule, cette cause de déficit suffirait à expliquer l'état de gêne de la nation. Ajoutez maintenant que ce que l'on refuse au travail et à la loyauté de transaction, on le reporte sur le luxe. L'esprit d'épargne et de frugalité fléchit dans la même proportion que le travail et la bonne foi ; on devient avare précisément parce que l'on dévore davantage ; si bien qu'en dernière analyse, pendant qu'on poursuit la jouissance, on côtoie l'immoralité et la misère.

Une des missions de la littérature et de l'art était certainement d'entretenir et de développer ces vieilles mœurs. Le principe en existe dans les consciences : il n'y avait qu'à cultiver, sarcler et faire fleurir ce germe précieux. Ici, l'écrivain et l'artiste parlaient d'autorité. Leurs œuvres étant reconnues non vénales par nature et ne donnant droit qu'à une indemnité de temps, ils avaient qualité pour prêcher la modestie et le désintéressement. Donnant eux-mêmes l'exemple du sacrifice, ils étaient les apôtres de la bienfaisance publique et les ministres de la richesse. C'est le système contraire qu'ils serviront, lorsque aura été consacré par une loi le principe d'une propriété, qui détruit tout ce qu'il y avait de généreux et d'honorable dans les transactions.

Infatués de leur talent, calculant leur rémunération d'après l'opinion exagérée qu'ils se font de leurs ouvrages les gens de lettres et les artistes ne rêvent que fortunes subites et rentes seigneuriales. Le public entrant dans ces vues, au lieu de littérature et d'art nous n'avons plus qu'une industrie appliquée au service du luxe, agent de la corruption publique.

Le journaliste se paye à la ligne, le traducteur à la feuille; suivant la vogue, le feuilleton produit au signataire depuis 20 jusqu'à 500 francs. Un de mes amis reprochait un jour à Nodier les longs adverbes qui émaillent sa prose diffuse et lâche; il répondit qu'un mot de huit syllabes faisait une ligne, et qu'une ligne valait 1 franc.

Les libraires ont trouvé le secret de blanchir les pages, d'élargir les caractères, de multiplier à volonté les feuilles et les volumes. Un livre ne se paye plus d'après les frais qu'il devrait raisonnablement coûter et la juste rémunération à payer à l'écrivain; il s'évalue d'après la vogue, la superficie et le poids. Respectant la pensée de l'écrivain et non moins soucieux de la bourse des souscripteurs, l'éditeur de l'*Histoire du Consulat et de l'Empire* a mieux aimé donner pour 2 francs de grands volumes de 600 pages que de manquer à l'ampleur et à la vérité de l'histoire. Le spéculateur qui publie les *Misérables*, met en dix volumes, fait payer 60 francs ce qui tiendrait largement en quatre tomes et ne devrait coûter que 12 fr. A ce simple rapprochement on peut deviner de quel côté est l'œuvre littéraire, de quel côté l'agiotage.

On se plaint que la jeunesse lettrée encombre les carrières, que le travail manuel est déserté, qu'il y a péril pour l'ordre et les mœurs. On a accusé de ce péril les Grecs et les Latins : absurdité. Le *ver rongeur* n'est ni dans Virgile, ni dans Cicéron, ni dans Démosthène. Il est dans cet industrialisme littéraire auquel on s'apprête à mettre le sceau par la constitution d'un monopole perpétuel. Tandis que les œuvres sérieuses sont délaissées, la littérature industrielle déborde. Le monde est plein de talents déclassés, d'une habileté de brosse, si j'ose ainsi dire, extraordinaire. On écrit peu d'inspiration ; l'auteur chez qui la pensée *naît* originale, et se revêt en naissant d'une expression faite pour elle seule, est devenu un phénix. En revanche, nous savons admirablement revêtir des riens de la pourpre des maîtres et des modèles. Tout est devenu vénal, parce que tout a été fait industrie et métier. Nous ne sommes plus même de la bohême, nous sommes de la prostitution ; et je ne sais pas si ces pauvres danseuses, que les directeurs de théâtres payent à 2 francs par soirée, ou même ne payent pas du tout, attendu qu'elles se contentent pour tout salaire de l'occasion qui leur est offerte d'exhiber leurs charmes, ne sont pas plus honorables que la tourbe affamée de nos gens de lettres. Au moins, si ces malheureuses vendent leur corps, elles ne trafiquent pas de leur art. Elles peuvent dire, en un sens, comme Lucrèce : *Corpus tantùm violatum, animus insons.*

§ 9. — Résumé général : Encore la propriété.

J'ai été trop long : je suis loin pourtant d'avoir tout dit. J'aurais à faire voir encore comment, sous l'action de la propriété intellectuelle, le commerce et l'industrie retournant au régime des corporations, maîtrises et jurandes, la propriété foncière serait à son tour entraînée dans le même mouvement et, d'alleu que l'a faite la Révolution redevenant fief, retournerait à une forme moins civilisée, moins sociale. Déjà, si mes informations ne me trompent, il existerait dans un certain monde un projet de conversion de la propriété foncière et d'organisation de grandes compagnies agricoles, destinées à remplacer et la petite culture, et la petite propriété, comme on a remplacé les commissionnaires de transport et les voituriers par des compagnies de chemins de fer. L'idée féodale n'est pas morte en France ; elle subsiste chez certains soi-disant démocrates, bien plus que chez les lecteurs de la *Gazette* et les associés de Saint-Vincent de Paul.

J'aurais à montrer aussi comment, la France entrant dans cette voie rétrograde, pendant que les autres états suivent la marche opposée, l'antipathie ne peut manquer de devenir croissante entre les peuples, les mœurs incompatibles et les intérêts hostiles ; comment une guerre de principes résulterait des nouvelles institutions, guerre dans laquelle la France et la coalition auraient changé de rôle, la première défendant le droit féodal, la seconde le droit libéral et révolutionnaire. Il est clair que si la propriété intellectuelle, c'est-à-dire le monopole perpétuel des produits de la littérature et de l'art et des inventions de l'industrie, est établie en France, les traités de réciprocité sont annulés, et que le travail étranger, affranchi de tout privilége, jouissant de nos propres découvertes sans payer de redevance, serait placé dans des conditions meilleures que le nôtre. Pour qu'une guerre ne sortît pas de cette situation, il faudrait donc, ou que l'étranger consentît à revenir au système féodal dont il est en train de se défaire, ou que la France abolît sa propre loi et se remît à l'unisson de la liberté.

J'abrége ces considérations, et je me résume :

*a*) Il n'y a pas, il ne peut pas y avoir de propriété littéraire, analogue à la propriété foncière. Une semblable propriété est contraire à tous les principes de l'économie politique; elle n'est donnée ni par le notion de *produit*, ni par celles d'*échange*, de *crédit*, de *capital* ou d'*intérêt*, et ne saurait résulter de leur application. Le service de l'écrivain, considéré du point de vue économique et utilitaire, se résout en un contrat, exprimé ou tacite, d'échange de service ou produit, lequel échange implique que l'œuvre de génie, rémunérée par un privilége de vente temporaire, devient propriété publique du jour de la publication.

*b*) Relativement au domaine intellectuel, sur lequel seul pourrait être constituée, à titre gratuit bien entendu, une nouvelle espèce de propriété, ce domaine est essentiellement, par nature et destination, inappropriable, placé hors de la sphère de l'égoïsme et de la vénalité. De même que la religion et la justice, la science, la poésie et l'art se corrompent en entrant dans le trafic et en se soumettant à la loi des intérêts. Pour mieux dire, leur distribution et leur rémunération suivent une loi contraire à celle qui régit la distribution et la rémunération de l'industrie.

*c*) Quant à l'ordre politique et économique, les conséquences d'une pareille appropriation seraient incalculables. Elles n'aboutiraient à rien de moins qu'à restaurer un système tombé sous la malédiction des peuples, et qui serait cent fois pire aujourd'hui que par le passé, puisque au lieu de la foi religieuse qui lui servait de base, il n'aurait pour appui que le matérialisme et la vénalité universelle.

Et maintenant, bourgeois et propriétaires, à qui le monopole crie, comme le fameux chat botté des contes de Perrault aux paysans : « Si vous rejetez la propriété intellectuelle, si vous ne dites pas que *la propriété littéraire est une propriété*, votre propriété foncière elle-même est sans fondement ; les partageux vont venir, et vous serez tous expropriés; » — race de trembleurs et de dupes, écoutez ceci :

Il y a quelque vingt-deux ans, j'ai fait de la propriété ce que l'on appelle en philosophie une *critique*. Je crois l'avoir faite exacte et loyale, et je l'ai soutenue en raison même des colères qu'elle soulevait. Je puis m'être trompé : la modestie sied à un homme aussi violemment contredit. Dans ce cas-là même, serais-je si coupable? Cette critique, que je puis dire mienne autant que la critique d'une idée peut appartenir à un philosophe; dont je me suis glorifié, parce que j'y voyais le point de départ d'une science sociale, le prélude de la réconciliation des classes et le gage d'un ordre plus parfait, j'ai eu soin de ne la présenter que comme une critique, m'abstenant de conclure à la dépossession, combattant le communisme, au risque de me faire accuser d'inconséquence, d'hypocrisie et de lâcheté, et me bornant à soutenir que notre philosophie pratique est née d'hier; que si nous avons abjuré le droit divin et ses institutions féodales, nous n'avons pas pour cela fondé le gouvernement de la liberté; que notre droit économique est encore moins avancé que notre droit politique; que la raison et la fin de la propriété, par exemple, nous échappent; que tout ce que nous savons de certain sur les choses de l'économie sociale et du gouvernement, c'est qu'elles nous apparaissent comme des *antinomies;* qu'après avoir démoli l'ancienne société, il nous reste à créer, de fond en comble, la nouvelle; [que nos institutions les plus respectables en apparence, œuvres de la foi antique, passées au crible de la raison moderne, semblent l'invention d'un mauvais génie; que cela tient, non point à un système réfléchi de spoliation et de mensonge, mais à notre état révolutionnaire, dont il est évident que personne ne saurait être rendu responsable] (1).

Voilà ce que j'ai dit, bourgeois, croyant bien dire, convaincu que j'exerçais un droit et que je remplissais un devoir, et plus étonné que personne des propositions auxquelles me conduisait l'analyse. Si je suis dans l'erreur, si vous en avez la certitude comme vous paraissez en avoir la conviction, excusez-moi au nom de la tolérance philosophique et de la liberté des opinions écrite dans nos lois. Ne venez-vous pas de vous convaincre, dans le cours de

(1) Six lignes rayées par les censeurs bénévoles. Voir plus haut, page 58, mes explications sur la théorie encore imparfaite de la propriété.

cette discussion sur les droits d'auteurs, que ceux qui s'acharnent contre ma critique, se posant en champions et en vengeurs de la propriété, en savent moins eux-mêmes que je n'en savais en 1840, puisqu'ils ne font que reproduire des arguments vingt fois réfutés, sans se douter que ces arguments sont ce qui compromet le plus la propriété?

Maintenant une autre idée me poursuit, idée que vous pouvez mettre, comme la précédente, sur le compte de l'hallucination, mais dont vous ne méconnaîtrez pas du moins l'intention conservatrice. [La propriété, sous le poids d'une dette publique et hypothécaire de vingt milliards, d'un budget de deux milliards, d'un gouvernementalisme croissant, d'une loi d'expropriation pour cause d'utilité publique qui ne connaît plus de bornes; en présence d'une législation qui, en consacrant la perpétuité du monopole littéraire, posera le principe d'une restauration féodale; la propriété, menacée par un paupérisme inexorable, défendue par des avocats ineptes, qu'on dirait payés pour la trahir; exposée à toutes les témérités, à toutes les fourberies de l'empirisme, la propriété, dis-je, me semble aujourd'hui en péril beaucoup plus qu'en 1848] (1). —

(1) Tout ce passage, relatif à la condition défavorable dans laquelle se trouve aujourd'hui la propriété, m'a été signalé, par l'imprimeur et le libraire, comme inacceptable. C'est en vain que j'ai fait observer, 1° qu'une critique n'est pas une attaque, ni un exposé de situation une menace; 2° qu'en tout cas, et quelle que fût ma critique, dès lors que de mon aveu; elle n'intéressait que la théorie, et que je me déclarais opposé à toute conclusion communiste, on ne pouvait m'accuser d'attaque à la propriété. Rien n'a pu convaincre des esprits effrayés. Il semble à certaines gens que je doive rester à toujours comme le génie de l'expropriation; que chacune de mes paroles, soit dans un sens apparent, soit dans un sens détourné, tende à ce but; et que ce serait même une espèce de scandale, si je parvenais à me débarrasser de ce rôle. On a été jusqu'à me dire que la propriété ne paraîtrait jamais plus menacée que lorsque je ferais mine de la vouloir défendre, et qu'il suffisait que je la déclarasse en danger, pour que

*Pourquoi des propriétaires à Paris?* Vous avez lu ce titre d'une brochure publiée il y a quelques années, alors que l'on sévissait contre les critiques de bonne foi, qui cherchent philosophiquement le mot de l'énigme. C'était le ballon d'essai d'une secte qui, par le chantage et l'escamotage, conduit notre aveugle nation au califat industriel. Le moment viendra où vous entendrez dire : *Pourquoi des propriétaires en France?* Je me figure qu'alors aussi le moment sera venu pour ce socialisme critique, c'est ainsi qu'il faut le nommer, qui vous fit tant de peur et que vous avez le tort de ne pas vouloir entendre, de poser ses conclusions, et, après avoir résolu le redoutable problème, de prendre en main la défense de la libre et égale propriété. Et soyez tranquilles : défendue, sauvée par la critique socialiste, la propriété sera bien sauvée; elle sera bien assise, inébranlable à jamais. Il n'en coûtera pas un centime à votre caisse, ni à nous, les maudits, la plus petite rétractation.

l'on criât sur moi, Au voleur! C'est un parti pris; après avoir été bafoué pendant vingt ans par des critiques stupides, il faut que je serve de mannequin au terrorisme. Cela caractérise l'époque, et marquera dans l'histoire de la propriété.

Au reste, toute cette péroraison, à partir de l'alinéa commençant par les mots, *Et maintenant,* a tellement été refaite, remaniée et modifiée sur la demande de mes censeurs, que je ne sais plus si le lecteur saisira ma pensée telle que j'ai voulu la rendre.

En deux mots, je repousse d'autant plus énergiquement la propriété intellectuelle que je maintiens la division terrienne; et je maintiens cette dernière, non pas, comme on le pourrait croire, en dépit de ma critique antérieure, mais en raison même de cette critique, qu'on n'a pas réfutée, qu'on ne réfutera jamais, qu'on n'ébranlerait qu'au détriment de la propriété à laquelle elle est destinée à servir de base. C'est ce que j'espère montrer bientôt dans un ouvrage définitif, si tant est que l'on me permette d'assumer à mon tour la défense d'une cause que le christianisme a condamnée, que l'Économie politique est impuissante à défendre, et que la raison d'État est en train pour la seconde fois de compromettre et de perdre?

La critique ne demande pour les idées dont elle opère la ventilation avant de les verser sur le monde ni privilége ni dotation. Elle va droit son chemin, confiante dans la logique, sans reculer ni se démentir jamais. Elle n'est point jalouse, ne cherche pas sa gloire et son intérêt : mais elle sait mettre chaque chose à sa place et rendre à chacun ce qui lui appartient. C'est pour cela qu'elle maintient le partage de la terre, en même temps qu'elle se refuse à la *propriété de l'intelligence*.



FIN.

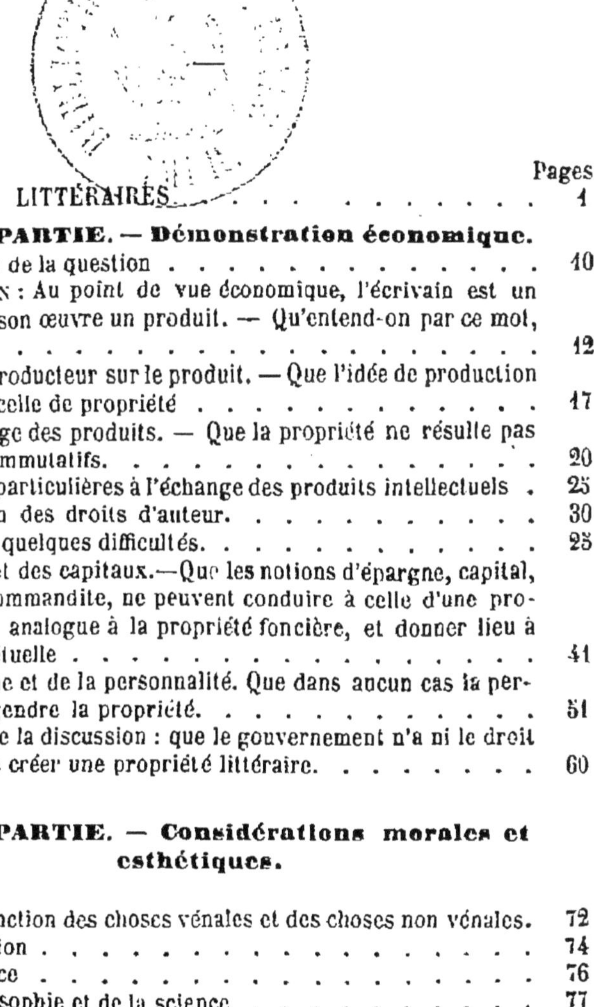

# TABLE.

Pages

LES MAJORATS LITTÉRAIRES . . . . . . . . . . . 1

**PREMIÈRE PARTIE. — Démonstration économique.**

§ 1. — Position de la question . . . . . . . . . . . . . . 10

§ 2. — DÉFINITION : Au point de vue économique, l'écrivain est un *producteur*, et son œuvre un produit. — Qu'entend-on par ce mot, *produire?* . . . . . . . . . . . . . . . . . . . . . 12

§ 3. — Droit du producteur sur le produit. — Que l'idée de production n'implique pas celle de propriété . . . . . . . . . . . . 17

§ 4. — De l'échange des produits. — Que la propriété ne résulte pas des rapports commutatifs. . . . . . . . . . . . . . . . . 20

§ 5. — Difficultés particulières à l'échange des produits intellectuels . 25

§ 6. — Liquidation des droits d'auteur. . . . . . . . . . . 30

§ 7. — Réponse à quelques difficultés. . . . . . . . . . . . 25

§ 8. — Du crédit et des capitaux. — Que les notions d'épargne, capital, prestation ou commandite, ne peuvent conduire à celle d'une propriété littéraire analogue à la propriété foncière, et donner lieu à une rente perpétuelle . . . . . . . . . . . . . . . . . 41

§ 9. — Du domaine et de la personnalité. Que dans aucun cas la personnalité n'engendre la propriété. . . . . . . . . . . . 51

§ 10. — Résumé de la discussion : que le gouvernement n'a ni le droit ni le pouvoir de créer une propriété littéraire. . . . . . . . 60

**DEUXIÈME PARTIE. — Considérations morales et esthétiques.**

§ 1. — De la distinction des choses vénales et des choses non vénales. 72

§ 2. — De la religion . . . . . . . . . . . . . . . . . 74

§ 3. — De la Justice . . . . . . . . . . . . . . . . . 76

§ 4. — De la philosophie et de la science . . . . . . . . . . 77

§ 5. — Des lettres et des arts . . . . . . . . . . . . . . 81

§ 6. — Pourquoi il est des richesses qui se payent, et d'autres qui ne se payent pas. Cause du mercenarisme dans la littérature contemporaine. . . . . . . . . . . . . . . . . . . . 86

§ 7. — Défaillance politique : Sans vertus, sans principes, la politique dégénère en avocasserie et en intrigue : vénalité des opinions. . 92
§ 8. — Anarchie mercantile : la philosophie, la littérature et l'art faits métier et marchandise. . . . . . . . . . . . . . . . . 99
§ 9. — Décadence de la littérature sous l'influence du mercenarisme. — Transformation prévue. . . . . . . . . . . . . . . . . 106

**TROISIÈME PARTIE. — Conséquences sociales.**

§ 1. — Comment les révolutions commencent, et comment elles avortent . . . . . . . . . . . . . . . . . . . . . . . . 114
§ 2. — Esprit de la loi sur la propriété littéraire. . . . . . . . 121
§ 3. — Appropriation du domaine intellectuel. . . . . . . . . . 126
§ 4. — Continuation du même sujet : inféodation, accaparement, favoritisme . . . . . . . . . . . . . . . . . . . . . . . . 132
§ 5. — Publications périodiques . . . . . . . . . . . . . . 134
§ 6. — D'un impôt sur la propriété littéraire . . . . . . . . . . 138
§ 7. — Constitution de la propriété industrielle à l'instar de la propriété littéraire : rétablissement des maîtrises et corporations . . 144
§ 8. — Influence du monopole littéraire sur la félicité publique . . . 151
§ 9. — Résumé général : encore la propriété . . . . . . . . . 158



FIN DE LA TABLE.

www.ingramcontent.com/pod-product-compliance
Ingram Content Group UK Ltd.
Pitfield, Milton Keynes, MK11 3LW, UK
UKHW020955230726
13923UKWH00007B/401